LE
CHANSONNIER
DE LA
GRANDE ARMÉE.

LE CHANSONNIER DE LA GRANDE ARMÉE,

OU CHOIX DE CHANSONS MILITAIRES,

DÉDIÉ AUX BRAVES,

(C'est-à-dire à tous les Soldats Français).

A PARIS,

CHEZ MARCHAND, libraire, Passage Feydeau, N°. 24.

1809.

LE

CHANSONNIER DE LA GRANDE ARMÉE.

AUX BRAVES DE LA GRANDE ARMÉE.

Air : *Du vaudeville des Poètes sans Soucis*,
ou : *Chantez, dansez, amusez-vous.*

BRAVES guerriers, joyeux lurons,
Dans cette fête qui s'apprête,
Que nos refrains, que nos chansons
De notre cœur soient l'interprète.
Pour chanter vos brillans succès
N'ya qu'les Français. (*Bis.*)

Pour atteindre tous les poltrons,
Pour livrer gaîment des batailles,
Pour enfoncer des escadrons,
Pour renverser tant de murailles,
Pour braver bombes et boulets,
N'ya qu'les Français. (*Bis.*)

Sans jamais compter le chemin
Faire campagne sur campagne,
Aller de Paris à Berlin,
Et de l'Allemagne en Espagne,
Pour faire de pareils trajets
N'ya qu'les Français. (*Bis.*)

Quoique l'on soit bien courageux
Le sort peut tromper notre attente :
J'ai lu dans maint récit fameux
Que la Victoire est inconstante;
Mais pour l'enchaîner à jamais
N'ya qu'les Français (*Bis.*)

Pour être jaloux de son nom,
Pour bien faire honneur aux guinguettes,
Pour danser au bruit du canon,
Pour bien empaumer les fillettes,
Et les quitter pour leurs mousquets,
N'ya qu'les Français. (*Bis.*)

Pour supporter les plus grands coups,
Pour faire fleurir le commerce,
Pour voir se promener chez nous
Des amis arrivés de Perse,
Convenons-en tous désormais,
N'ya qu'les Français. (*Bis.*)

Après avoir pendant quinze ans
Obtenu des succès durables,
Après avoir battu long-temps
Maintes puissances redoutables,
Qui pourra battre les Anglais?
N'ya qu'les Français. (*Bis.*)

Quand le Destin, pour couronner
Le vainqueur de toute la terre,
Lui dit : S'il te fallait régner,
Quel peuple aurait droit de te plaire?
Napoléon répondit : Mais
N'ya qu'les Français. (*Bis.*)

Brazier.

ADIEUX

D'un Conscrit à sa Maîtresse, à son départ pour la Grande Armée, en vendémiaire an 14.

Air : *Avec vous sous le même toit.*

Je vais sous le dieu des combats
Essayer mes premières armes;
Parmi tant de vaillans soldats
La gloire a pour moi mille charmes:

Bellone m'enlève aux amours,
Mais je te prouverai sans cesse
Que je serai constant toujours,
Quoique je change de maîtresse.

Volons sur les rives du Rhin,
Punir un ennemi perfide :
Pour défendre son Souverain
Chaque soldat est un Alcide.
De l'étroit sentier de l'honneur,
Va, ne crains pas que je m'écarte.
Pourrais-je manquer de valeur,
Lorsque je sers sous BONAPARTE ?

O toi ! qu'afflige mon départ,
Rose, crois-moi, sèche tes larmes ;
Des camps je brave les hasards,
Puisqu'un Dieu protège nos armes ;
D'ailleurs un Français chaque jour
Pour la gloire expose sa vie :
Avant d'être né pour l'amour
Il était né pour sa patrie.

A mon retour un nœud sacré
Doit unir notre destinée,
J'en crois mon cœur, je t'offrirai
Un laurier dans cette journée.

Amant et soldat tour à tour,
J'aurai mérité quelque gloire,
Et le soir on verra l'Amour
Chanter une double victoire.

Ma tendre amie, adieu, je pars,
Je vole où la gloire m'appelle;
Sous nos triomphans étendards
Je vais servir notre querelle.
Mais j'espère dans peu de temps
Te revoir, tout me le fait croire;
L'Empereur commande ses camps,
C'est nous assurer la victoire.

Henri Simon.

LA DANSE FRANÇAISE.

Dédiée à notre brave Armée d'Angleterre.

Air : *Du pas redoublé de l'infanterie.*

Soldats, le bal va se r'ouvrir,
    Et vous aimez la danse;
L'allemande vient de finir,
    Mais l'anglaise commence.

D'y figurer, tous nos Français
Seront, parbleu, bien-aises;
Car s'ils n'aiment pas les Anglais,
Ils aiment les Anglaises.

Le Français donnera le bal,
Il sera magnifique;
L'Anglais fournira le local
Et paiera la musique.
Nous, sur le refrein des couplets
De nos rondes françaises.
Nous ferons chanter les Anglais
Et danser les Anglaises.

D'abord par le Pas-de-Calais,
On doit entrer en danse;
Le son des instrumens français
Marquera la cadence:
Et comme l'Anglais ne saura
Que danser les Anglaises,
Bonaparte lui montrera
Les figures françaises.

Dans nos entre-chats, cette fois,
Pour être plus à l'aise,
Laissons leurs casimirs étroits,
Quittons la mode anglaise;

Portant cocardes et mousquets,
Au lieu de ces fadaises,
Nous ferons goûter aux Anglais
Les parures françaises.

Allons, mes amis, le grand rond,
En avant, face à face.
Français, là-bas, restez d'aplomb;
Anglais, changez de place.
Vous, monsieur Pitt, un balancé,
Suivez la chaîne anglaise;
Pas de côté, croisé, chassé...,
C'est *la danse française*.

RONDE DE SAINT NAPOLÉON.

Air : *De la ronde de la danse interrompue.*

CHŒUR.

CHANTONS saint Napoléon
Et sa puissance adorée,
Dans la légende dorée
Est-il un meilleur patron?

La patrone de Paris
Pour nous, sans doute, est fort bonne;
Mais le patron, mes amis,
Vaut bien au moins la patrone.
Chantons, etc.

Jamais l'envoyé du Ciel
N'a rien fait de plus notable :
Sous ses pieds, comme Michel,
Il terrasserait le diable.
Chantons, etc.

Le grand saint Pierre, jadis,
Contre Malchus fit merveilles;
Notre saint, aux ennemis,
Coupe encor mieux les oreilles.
Chantons, etc.

Saint George, à notre pays,
Cherche-t-il noise, il l'arrête
Mieux que ne fit saint Denis;
C'est qu'il porte mieux sa tête.
Chantons, etc.

Nos ennemis, de concert,
Enrageaient, faisaient tapage,
Mais bien mieux que saint Hubert
Il les traita de la rage.
Chantons, etc.

A sa voix, tous les états
S'unissent à nos familles,
Et jamais saint Nicolas
Ne maria mieux les filles.
Chantons, etc.

Pour la pluie ou le beau temps
Quel que soit le saint qu'on prie,
C'est toujours lui qui céans
Fait le beau temps et la pluie.
Chantons, etc.

CH. DE LONCHAMP.

CHANSON TRIOMPHALE.

Air : *J'ai vu partout dans mes voyages.*

Sous les arcs pompeux de la gloire,
Empressez-vous, braves guerriers,
Venez, enfans de la Victoire,
Recueillir de nouveaux lauriers :
Généreux défenseurs du trône
De l'illustre NAPOLÉON,
Venez accepter la couronne
Que Paris vous offre en son nom.

Pourquoi si loin de leur patrie
Nos guerriers portaient-ils leurs pas?
Albion, c'est ta perfidie
Qui rouvrit le champ des combats:
Vains efforts!!! Rentrez dans votre île!
Respectez, lâches assassins,
L'humanité qui vous exile
Du sol paisible des humains.

Napoléon, c'est ton génie
Qui nous a fait de si grands biens;
Tu triomphes et la patrie
Revoit, embrasse ses soutiens:
Tes succès chassent nos allarmes,
Qui pourrait ne pas te bénir?
Si tu nous fais verser des larmes, } *Bis.*
Ce sont des larmes de plaisir.

Par E. A. Dossion.

VAUDEVILLE

De l'Hôpital Militaire.

LE GÉNÉRAL PIÉMONTAIS.

Air : *Du vaudeville de Lasthénie.*

Du maréchal de Maillebois,
Messieurs, allez joindre l'armée,
Et par quelques nouveaux exploits
Faites parler la Renommée.
Cette action, n'en doutez pas,
Doit ajouter à votre gloire :
Se rendre ainsi, braves soldats,
C'est remporter une victoire.

VA-DE-BON-CŒUR.

Air : *Du vaudeville de M. Guillaume.*

Mars et l'Amour sont encore mes guides;
Avec honneur je les sers tous les deux.
On m'offre en vain les Invalides,
Je me sens trop jeune pour eux.

D'un roi que je sers, que j'honore,
Dois-je en effet les obtenir,
Quand ma maîtresse, amis, n'a pas encore
Osé me les offrir ?

SANS-QUARTIER.

Air : *Amis, dépouillons ces pommiers.*

Francs buveurs et braves guerriers,
Chez Bacchus, chez Bellonne,
De pampres et de verts lauriers
Tressez votre couronne.
Au fort du combat
Buveur qui se bat
A toujours fait merveille.
On dit, mes amis,
Que Bacchus a mis
Le courage en bouteille.

MICHEL.

Air : *Du pas redoublé.*

Depuis trois ans je suis tambour,
Je m'exerce avec zèle,
Et l'on m'enseigne chaque jour
Une marche nouvelle;

Cependant ma science, hélas!
Est loin d'être complète ;
Chez les Français on n'apprend pas
Comme on bat en retraite.

VA-DE-BON-CŒUR.

Air : *Cahin, caha.*

On sait qu'en France
Le savoir, le crédit,
Et l'amour et l'esprit,
Tout finit,
S'affaiblit,
Sans peine dépérit,
Et tombe en décadence ;
Mais pourtant, malgré ce train-là,
En lisant l'histoire
Je vois qu'on doit croire,
Que chez nous la gloire.
Ainsi que la victoire
Ne vont jamais cahin, caha.

LE CAPITAINE PIÉMONTAIS.

Air : *Tenez, moi je suis un bonhomme.*

Une aussi longue résistance
Dans une telle occasion,
Cela me donne de la France
Une fort bonne opinion.

Vos femmes, dit-on, sont plus belles
Que celles de notre pays;
Mais, entre nous, résistent-elles
Aussi long-temps que leurs maris?

AUGUSTINE (au public).

Air : *Du vaudeville de Florian.*

Sur les pas de son général,
Vous voyez chaque militaire,
Sortir gaîment de l'hôpital
Avec les honneurs de la guerre.
Ne souffrez pas qu'un bruit malin
Vienne troubler notre retraite;
Mais aidez-nous d'un coup de main,
La campagne sera complète.

DE ROUGEMONT.

NOUVEAU CHANT DE GUERRE.

Air à faire.

Où courez-vous, braves Français,
Aux bords du Rhin qui vous appelle?
L'Allemagne a rompu la paix;
A l'honneur elle est infidelle.

O mon pays, rassure-toi;
Napoléon, bravant l'orage,
Oppose à la mauvaise foi,
Dieu, la justice et son courage.

Pour cette horrible trahison,
A Londres Vienne est asservie.
L'or des Anglais est un poison
Qui détruit l'honneur et la vie.
O mon pays, etc.

Pouvez-vous, cruels potentats,
Oublier, au siècle où nous sommes,
En exposant tant de soldats,
Qu'ainsi que vous ce sont des hommes.
O mon pays, etc.

Oui, si le perfide Germain
De ses sermens perd la mémoire,
Nous savons encor le chemin
Que nous a tracé la Victoire.
O mon pays, etc.

Et sur la terre et sur les flots,
Que notre vengeance soit prompte!
Ils n'ont semé que les complots,
Ils n'en moissonnent que la honte.
Mon pays, etc.

RONDE

Chantée dans une réunion d'Officiers.

Air du vaudeville des Amans sans amour.

DANS ce temple heureux où sans cesse
L'amitié siége à nos côtés,
Pour augmenter notre allégresse,
Amis, portons quelques santés :
Que chacun, remplissant son verre,
En porte une chère à son cœur;
Buvons au héros de la terre ;
Ce sera boire à l'Empereur.

Par ses vertus et son courage
NAPOLÉON règne sur nous;
Notre bonheur est son ouvrage,
Et le monde est à ses genoux.
Pour les amis de la justice,
Sa bienfaisance est un aimant,
Sa renommée un édifice,
Dont sa valeur est le ciment.

Il ne se sert de son épée
Que pour punir ses ennemis :
Jamais sa valeur n'est trompée ;
Il paraît, ils lui sont soumis.
La clémence suit sa bannière ;
Sa tête est ceinte de laurier,
Et le glaive en sa main guerrière,
Se change en rameau d'olivier.

Trop grand pour écarter l'envie,
Il n'en peut redouter les traits,
Et chacun des jours de sa vie
Se comptera par des bienfaits.
De son génie une étincelle
Suffit pour féconder les arts,
Et sa gloire et une immortelle
Qu'il fit éclore au Champ de Mars.

MAXIME DE REDON.

LA PAIX.

Air de la ronde du Rival confident.

MES amis, au bruit du canon,
Aux cris de la victoire,
De votre sujet de chanson,
J'ai perdu la mémoire.

C'est contre le réglement,
J'en conviendrai franchement;
Mais j'ai compté d'avance
Sur vos bontés que je connais,
Sûr de votre indulgence,
Je vais chanter la paix.

Salut, douce et tranquille Paix,
Fille de l'Harmonie;
Source éternelle de bienfaits,
Divinité chérie;
Tu viens combler nos desirs,
Et ramener les plaisirs
Amis, à l'espérance,
Livrons notre cœur enchanté,
Nous reverrons en France
Le calme et la gaîté.

Salut au chef de nos soldats,
Qui, brave autant que sage,
Conduit les Français aux combats,
Ou retient leur courage.
De l'Europe le vainqueur
En est le pacificateur.
Gloire au guerrier habile,
Qui n'ayant pas trente ans encor,
Joint la valeur d'*Achille*
Aux vertus de *Nestor*.

Malgré le peuple, succombant
Sous le poids de la guerre,
Georges refuse obstinément
La paix à l'Angleterre ;
Si *Pitt*, devenant moins vain,
Ne met de l'eau dans son vin
Pour terminer l'affaire,
Nos guerriers franchissant la mer,
Iront signer, j'espère,
La paix à *Westminster*.

Qu'avec plaisir nous chanterons
La paix universelle !
Nous renforcerons nos chansons
D'une gaîté nouvelle.
Nous apprendrons nos couplets
Aux Allemands, aux Anglais :
Avec eux plus de guerre ;
Et quand nous les rencontrerons,
Ce n'est qu'à coups de verre
Que nous les combattrons.

Paix au-dehors, paix au-dedans,
Et par toute la France ;
Des bons esprits, des bonnes gens,
C'est toute l'espérance.
Oublions nos maux passés ;
Que les torts soient effacés.

Chansonniers, mes confrères,
En bons vivans, en bons Français,
Dans nos chansons légères
Ne prêchons que la paix.

La paix est bonne, assurément,
Aux champs comme à la ville;
Mais elle est surtout l'aliment
Du petit vaudeville.
Paix entre tous les auteurs,
Paix avec tous les acteurs:
Et pour finir la guerre
Que le public fait aux couplets
Au milieu du parterre,
Brûlons tous les sifflets.

RADET.

L'HOTEL DE LA PAIX,

RUE DE LA VICTOIRE.

Air du vaudeville d'Arlequin musard.

DANS cette rue on vit naguère
Habiter le héros français;
Moi qui prévois ce qu'il faut faire,
J'y fonde l'hôtel de la paix.

Ce titre, qui nous intéresse,
A mon esprit ne fait qu'honneur ;
La paix doit avoir son adresse
Au domicile du vainqueur.

COUPLETS

Chantés dans un Repas où se trouvaient plusieurs Officiers de la Garde Impériale, après la bataille d'Austerlitz.

Air : *Trouverez-vous un parlement.*

DIERSTEIN, Ulm, Inspruck, Austerlitz,
Noms célèbres dans notre histoire !
Un jour, à nos neveux surpris,
Vous retracerez notre gloire.
Vous peindrez nos braves vengeurs
Qu'aucun péril ne peut abattre...
(1) *Ils ont cessé d'être vainqueurs*,
Lorsqu'ils ont cessé de combattre.

---

(1) Paroles mémorables d'une proclamation de Sa Majesté l'Empereur NAPOLÉON aux braves de sa Grande Armée.

Quand je vois ces vaillans soldats
Bravant la fatigue et la peine,
En deux mois, après cent combats,
Entrer en conquérans dans Vienne,
Je dis : Puisqu'en si peu de tems
Ils ont pris l'Allemagne entière,
Il ne leur faudrait que deux ans
Pour conquérir toute la terre.

Celui qui, dans les champs d'honneur
Guida nos phalanges guerrières,
Napoléon, par sa valeur,
Conquit des nations entières;
Mais quels titres sont assez beaux
Pour paraître dans sa légende ?
Quand les soldats sont des héros,
Qu'est donc celui qui les commande ?

Vaillans soldats, Français galans,
Vous sûtes gagner deux guirlandes,
Tout en battant les Allemands
Vous attaquiez les Allemandes,
Et nous voyons par le butin
Fait dans cette courte campagne,
Que vous avez porté la main
Sur plus d'un bijou d'Allemagne.

Suivez le cours de vos exploits,
Un nouveau laurier vous appelle;
Bientôt nous verrons sous vos lois
Gémir l'Angleterre infidelle.
Mais pour traiter comme il le faut
Ces messieurs qu'on dit si terribles...,
Souvenez-vous qu'à Marengo,
On vous nomma les Invincibles.

HENRI SIMON.

COUPLETS

SUR LA DESCENTE EN ANGLETERRE.

Chantés dans un dîner où assistaient plusieurs membres du Gouvernement.

Air du pas redoublé.

IRLANDAIS, Anglais, Ecossais,
Votre morgue indécente,
Chez vous ne pourra des Français
Empêcher la descente.

Redoutez de nous voir passer
Sur votre territoire :
Enfin, la mer à traverser
N'est pas la mer à boire.

Messieurs, en nous injuriant,
Votre tort est notoire ;
Nous savons toujours en riant
Voler à la victoire :
Et si les Français ont souffert
De leur conduite franche,
Songez qu'ils ont un bras de fer
Pour passer dans la Manche.

Devriez-vous au parlement
Choquer les bienséances ?
Chaque membre qui parle, ment,
Dans toutes vos séances ;
Et puis de se voir plaisanté
Sa colère est extrême :
Il faut, pour être respecté,
Se respecter soi-même.

Oui, nous saurons de toutes parts
Attaquer votre flotte ;
Je vois déjà sur vos remparts
Notre étendard qui flotte.

Afin d'appaiser les transports
Où votre orgueil se livre,
Nous allons fermer tous les ports,
Pour vous apprendre à vivre.

Albion, vois l'état affreux
Où ta fuite t'a mise !
Crains de voir nos bateaux nombreux
Voguer sur la Tamise !
Nous blâmons ton Gouvernement ;
Mais la paix nous est chère :
Celui qui te gouverne, ment,
S'il te dit le contraire.

MOREAU.

CHANSON

Pour le retour de la Garde impériale.

COUPLETS GRIVOIS.

Air : *R'lan tan plan, tambour battant.*

Y'A plus d'un an qu'la capitale
A vu partir ces braves gens ;
Malgré leur valeur sans égale,
J'tremblions pour ces pauvres enfans ;

Les v'là de r'tour couverts de gloire,
Et chacun d'eux est bien portant,
R'li, r'lan;
Viv' les enfans de la Victoire,
Et r'lan tan plan, tambour battant.

Faut qu'ce soient des faiseurs d'miracles,
Sitôt qu'ils se montr' ils sont vainqueurs;
Ils ne connaissont point d'obstacles,
D'z'hivers ils bravont les rigueurs;
Au bout du monde, y a-t-il d'la gloire,
On les voit aller tout courant,
R'li, r'lan
Et revienn't avec la victoire;
R'lan tan plan, tambour battant.

On compt'rait plutôt d'leux moustaches
Les poils châtains, noirs, bruns, blonds, blan[cs]
Ou les plum's de tous leurs panaches,
Ou les brav's de nos régimens,
Que tous les exploits où leur gloire
Se distingue si vaillamment.
R'li, r'lan;
Viv' les enfans de la Victoire,
R'lan tan plan, tambour battant.

En tous lieux nos grandes armées
Laissent des souv'nirs éclatans.

D'leux gaîté les femm' sont charmées,
D'leux valeur les homm's sont contens;
Le Français, amant d'la Victoire,
Aimant, chantant,
Buvant, battant,
Et r'li, et r'lan,
Partout remporte la victoire,
Et r'lan tan plan, tambour battant.

A ces hauts faits qu'on n'saurait croire,
Et qui sont ben vrais cependant,
M'est avis qu'il est temps de boire
Pour prendre haleine un p'tit instant;
Mais pour fêter dignement leur gloire,
J'proposons, sauf amendement,
D'boire un' feuillette à chaq' victoire,
R'lan tan plan, tambour battant.

DOSSION.

COUPLETS AUX BRAVES.

Air du vaudeville d'Arlequin musard.

QUE tous les fronts s'épanouissent,
Brillans d'une douce gaîté,
Que tous les cœurs se réjouissent,
Le sort du globe est arrêté.

Et puisqu'une paix salutaire
De la France a comblé les vœux,
Le premier peuple de la terre
En deviendra le plus heureux.

Heureux favoris de Bellone,
Dont l'aspect charme nos regards,
Si l'or a fourni la couronne
Qui doit orner vos étendards,
C'est que, dans cette circonstanee,
Pour prix de vos explois guerriers,
Pour couronner tant de vaillance,
La France manquait de lauriers.

Soutiens de notre antique gloire,
Nous vous devons, jeunes héros,
La paix, doux fruit de la victoire,
Heureux oubli de tous nos maux.
Avec amour chacun s'apprête
A vous chanter, à vous fêter;
Notre bonheur est une dette
Que nous ne pourrons acquitter.

M. de Rougemont.

MA PROMENADE A SAINT CLOUD

EN L'AN XII.

Air de la fanfare de Saint-Cloud.

Je veux vous faire l'histoire
D'un voyage de mon goût ;
Voulant chanter, rire et boire,
Je fus dimanche à Saint-Cloud.
Dans ma joyeuse incartade,
Vrai, je m'amusai beaucoup ;
La plus belle promenade,
C'est bien celle de Saint-Cloud.

Pour le plaisir, la bombance,
Nul endroit ne vaut Saint-Cloud
La Bonté, la Bienfaisance,
Font leur séjour à Saint-Cloud ;
Mille vertus qu'on renomme
Se rencontrent à Saint-Cloud.
Si l'on veut voir un grand homme,
Il faut aller à Saiut-Cloud.

Là, j'ai vu d'un peuple immense
Les plaisirs et la gaîté ;

La majesté, la décence,
Sous les traits de la bonté.
J'ai vu l'espoir de la France,
Souriant à ses sujets;
Dans ses yeux j'ai vu d'avance
La défaite des Anglais.

Après plus d'une tournée,
Par des chants joyeux et francs,
Pour bien finir la journée,
Nous revînmes tous chantans,
Contens du pélerinage,
De ce qu'ils ont vu surtout...
Tous, au retour du voyage,
Laissaient leurs cœurs à Saint-Cloud.

HENRY SIMON.

RONDE.

Air : *J'ons un curé patriote.*

QUEL plaisir de voir ensemble
Tant de braves réunis;
NAPOLÉON les rassemble
Comme il nous l'avait promis;

Tous retrouvent dans Paris
Des parens ou des amis.
Exaltons,
Et chantons
Le retour de nos vainqueurs,
Leur éloge est dans tous les cœurs.

Dans la dernière campagne,
Que d'innombrables succès :
On savait en Allemagne
Ce que valaient les Français;
Et maintenant, dieu merci,
En Prusse on le sait aussi.
Exaltons, etc.

Ces Prussiens si redoutables,
Ces terribles combattans,
Par des exploits honorables,
Connus depuis si long-temps;
Oh! comme on les étonna
Dans les plaines d'Jéna.
Exaltons, etc.

Après cette grande affaire
Qui balayait le chemin,
N'ayant rien de mieux à faire
Que de marcher sur Berlin,

Dans Berlin, très-poliment,
Ils entrent tambour battant.
Exaltons, etc.

Voulez-vous de leurs prouesses
Entendre et savoir parler?
Visitez les forteresses
Qu'ils ont fait capituler :
Suivez-les aux champs d'Eylau,
De Posen, et de Braunau.
Exaltons, etc.

A Friedland pourra-t-on croire
A leurs exploits inouis,
Pour arracher la victoire
Aux plus vaillans ennemis?
C'était honneur contre honneur,
Et valeur contre valeur.
Exaltons, etc.

La *Pologne* et l'*Italie*
Sont témoins de leurs hauts faits;
La *Saxe* et la *Westphalie*
Jouissent de leurs bienfaits;
Partout ils ont, sur leurs pas,
Fait ou sauvé des états.
Exaltons, etc.

Quelque part que leur vaillance
Ait acquis de nouveaux droits,
Jamais de l'obéissance
Ils n'ont fait sentir le poids ;
Ils ont été les amis
De tous ceux qu'ils ont soumis.
Exaltons, etc.

Tous les jours accoutumée
A tout oser, tout tenter,
Sur quels bords la Grande Armée
Pouvait-elle s'arrêter ?
La Gloire la précédait,
NAPOLÉON la guidait.
Exaltons, etc.

Mais voilà que sur son onde
Le *Niémen* voit deux héros
Des premiers guerriers du monde
Suspendre les grands travaux ;
De lauriers que de faisceaux
Viennent ombrager ses eaux.
Exaltons, etc.

A Tilsit, lieu mémorable,
La paix en un seul moment,
Par un traité respectable
Fut rendue au continent ;

Et ce bienheureux traité
Par la gloire est cimenté.
Exaltons, etc.

Bientôt nous verrons, j'espère,
Deux grands monarques amis,
Abattre enfin l'Angleterre
Sous leurs aigles réunis;
Car le Russe et le Français
N'ont d'ennemi que l'Anglais.
Exaltons,
Et chantons
Le retour de nos vainqueurs,
Leur éloge est dans tous les cœurs.

BARRÉ, RADET, et DESFONTAINES.

L'HONNEUR.

STANCES MILITAIRES.

Air : *Vaudeville de l'Officier de fortune.*

ACCOUREZ brillantes cohortes,
Chefs de braves et de héros,
Nobles légions d'âmes fortes
Qu'illustrèrent tant de travaux;

Vos mains ont dans l'Europe entière
Cueilli d'assez nombreux lauriers :
Venez, au bout de la carrière,
Reposer sous nos oliviers.

Quelle divinité *s'élance*
Du haut du céleste séjour,
Et vient inspirer à la France
Des transports de joie et d'amour?
C'est la Paix, la Paix tutélaire
Qui, frappant enfin nos regards,
Ferme le temple de la guerre
Pour enrichir celui des arts.

Si des phalanges courageuses
N'ont pu lasser notre veleur;
Si nos armes furent heureuses,
Nous ne le devons qu'à l'honneur;
Si par notre aspect intrépide
Nos ennemis furent domptés,
C'est que l'honneur, notre seul guide,
Marchait toujours à nos côtés.

L'honneur, ce flambeau de la vie,
Brille encore après le trépas;
L'honneur fait que l'on porte envie
Aux guerriers morts dans les combats;

L'honneur seul conduit à la gloire
Nos chefs ainsi que nos soldats ;
L'honneur ennoblit la victoire;
L'honneur est l'âme des états.

E. A. Dossion.

LE RETOUR

DE LA GRANDE ARMÉE.

Air de la ronde du Rival confident.

Malgré leurs exploits éclatans,
Et leur haute vaillance,
De nos braves, depuis long-temps,
Nous regrettions l'absence ;
Enfin ces guerriers chéris
Sont de retour à Paris.
Aux rives de la Seine
Notre armée arrive en chantant;
La Gloire la ramène,
Et le Plaisir l'attend.
Aux rives, etc.

Vivent les militaires pour
Ranimer une ville,

Au son du fifre et du tambour
La tristesse défile.
La gaîté vient sans retard
Y planter son étendard.
Aux rives, etc.

L'Amour qui se plut de tout temps
Au beau pays de France,
L'Amour, loin de nos combattans,
Vivait dans l'abstinence.
Loin du laurier qui croissait
Le myrte dépérissait.
Aux rives, etc.

On ne voyait plus parmi nous
S'accroître les familles,
Sans amans, comme sans époux,
Nos filles restaient filles :
L'Hymen était oublié,
La beauté séchait sur pied.
Aux rives, etc.

Petits commis, garcons marchands,
Dans nos tristes guinguettes,
Faisaient danser quelques instans
Nos gentilles fillettes :
Mais voici de bons vivans
Qui dansent fort et long-temps.
Aux rives, etc.

Les belles dont ils feront choix
Ne seront point cruelles,
Et toujours à ces bons grivois
On les trouv'ra fidelles :
L'effort n'est pas merveilleux,
Où trouveraient-elles mieux ?
Aux rives, etc.

Comme chacun va de son mieux,
Dans cette ville immense,
Célébrer le retour heureux
Des soutiens de la France !
Mais pour eux nous ferons tous,
Bien moins qu'ils n'ont fait pour no
Aux rives, etc.

Nos joyeux petits chansonniers,
Et nos fameux poètes,
Vont accorder pour nos guerriers
Et lyres et musettes ;
Bien ou mal en leur honneur
Ils chanteront de tout cœur.
Aux rives, etc.

Dans nos boutiques sans façon
Ils feront connaissance,
On ne leur vendra que du bon,
Et tout en conscience :

Bien servir ceux qu'on chérit,
C'est tout gain, c'est tout profit.
Aux rives, etc.

Les marchands de vin qui sans fin
Baptisent dans leurs caves,
Ne mettront point d'eau dans le vin
Qu'ils vendront à nos braves.
C'est un prodige imprévu
Que l'on n'aura jamais vu.
Aux rives, etc.

De tous côtés en leur honneur,
Comme nous allons boire!
A la franchise, à la valeur,
Surtout à la victoire!
Et puis à chaque flacon,
Un coup pour NAPOLÉON.
Aux rives de la Seine
Notre armée arrive en chantant;
La Gloire la ramène,
Et le Plaisir l'attend

BARRÉ, RADET, et DESFONTAINES.

LE BON SOLDAT.

Air : *V'là c'que c'est d'aller au bois.*

Le beau spectacle que voilà!
Et quel retour que celui-là!
De chacun de ces braves-là,
    Soit infanterie,
    Soit cavalerie,
On peut bien dire en résultat :
V'là c'que c'est qu'un bon soldat.

Aimer son prince, son pays,
Être fidèle à ses amis,
De la gloire sentir le prix,
    Et pour sa patrie
    Exposant sa vie,
Chercher des actions d'éclat :
V'là c'que c'est qu'un bon soldat.

Avoir le bras bon, le cœur droit,
Unir le courage au sang-froid,
Du faible, quand il a bon droit,

Prendre la défense,
Venger une offense,
Être obligeant, jamais ingrat :
V'là c'que c'est qu'un bon sold t,

Porter tout son bien dans son sac,
Fumer la pipe de tabac,
Chanter et danser au bivouac,
Coucher sur la dure,
Braver la froidure,
S'accommoder de tout climat :
V'là c'que c'est qu'un bon soldat.

En un instant, et nuit et jour,
Accourir au bruit du tambour,
Marcher en avant sans détour,
Ferme, impitoyable,
Se battre en vrai diable.
Être humain après le combat :
V'là c'que c'est qu'un bon soldat.

Savoir tout ce qu'il faut savoir,
Des chefs respecter le pouvoir,
Ne jamais manquer au devoir,
Et sans espérance
De la récompense,
Ne voir que le bien de l'Etat :
V'là c'que c'est qu'un bon soldat.

Puis quand le plaisir a son tour,
Amant et buveur tour-à-tour,
Servir et Bacchus et l'Amour,
Chanter sa tendresse,
Fêter sa maîtresse,
Faire un rival échec et mat:
V'là c'que c'est qu'un bon soldat.

Chacun de nos braves guerriers,
Quand il rentre dans ses foyers,
Est, à l'ombrage des lauriers,
Bon fils et bon frère,
Bon époux, bon père;
Et c'est encor servir l'Etat.
V'là c'que c'est qu'un bon sold

Les MÊMES.

CHANT GUERRIER,

Exécuté à la Fête du Sénat.

Air de chasse.

UNE VOIX.

VAILLANS Français, la fête guerrière
Que le Sénat vous offre au nom de tous,

Recevez-la pour l'armée entière,
Qu'avec orgueil nous retrouvons en vous,
Votre valeur, que jamais rien n'entrave.
Tous, à l'envi, vous a fait estimer,
Et parmi vous, pour choisir le plus brave,
Pour le nommer, il faut tous vous nommer.

CHŒUR.

Vaillans Français, etc.

UNE VOIX.

Vous avez su vaincre tous les obstacles,
Votre pays ne peut trop vous chérir ;
Vous avez fait miracles sur miracles,
Pour l'agrandir, l'enrichir, l'embellir.

CHŒUR.

Vaillans Français, etc.

UNE VOIX.

Paris vous doit ces monumens antiques,
Par vos exploits conquis de toutes parts,
Ces grands tableaux, ces marbres magnifiques,
Qu'on voit briller dans le temple des arts.

CHŒUR.

Vaillans Français, etc.

UNE VOIX.

Nos Sénateurs, dans ces momens prospères,
Sont, comme vous, joyeux et triomphans ;
Tout vous le dit, ce sont de tendres pères
Qui dans leur sein reçoivent leurs enfans.

CHŒUR.

Vaillans Français, etc.

UNE VOIX.

Si dans ces lieux les sages de la France
Avec transport accueillent nos guerriers !
Ah! c'est qu'ils sont connaisseurs en vaillance ;
Plus d'un des leurs a cueilli des lauriers.

CHŒUR.

Vaillans Français, etc.

UNE VOIX.

Dans son Sénat Rome honorait ensemble
Et des guerriers et des législateurs ;
Parmi les chefs que Bellone rassemble,
La France aussi compte des sénateurs.

CHŒUR.

Vaillans Français, etc.

UNE VOIX.

Honneur surtout au maréchal habile
Qui de Dantzick dirigea les travaux ;
En le nommant prince de cette ville,
Mars l'a nommé le prince des héros.

CHŒUR.

Vaillans Français, etc.

UNE VOIX.

Dans tous les cœurs votre éloge est le même,
Partout on est heureux de vous revoir :
Partout on dit, comme le chef suprême :
La Grande Armée a bien fait son devoir.

CHŒUR.

Vaillans Français, la fête guerrière
Que le Sénat vous offre au nom de tous,
Recevez-la pour l'armée entière
Qu'avec orgueil nous retrouvons en vous.

Les MÊMES.

COUPLETS

Chantés au festin des Officiers Généraux, le jour de la fête du Sénat.

Ronde de Pierre-le-Grand. (Il prit l'habit d'un charpentier.)

Avec transport, sous ces lambris,
Quel spectacle mon œil contemple!
Je vois de Mars les brillans favoris
De Minerve embellir le temple.
Tout guerrier devient un héros } *Bis en*
Conduit par de tels généraux. } *chœur.*

Sans rien devoir à la faveur,
Chacun d'eux est son propre ouvrage,
Et chacun d'eux peut dire avec honneur :
Je dois mon titre à mon courage.
Tout guerrier, etc.

Si d'abord nos jeunes conscrits,
Sous les étendards de Bellone,
Ont la valeur des soldats aguerris,
Il ne faut pas qu'on s'en étonne :
Tout guerrier, etc.

bien commander le soldat
Nos chefs ne bornent pas leur gloire,
Et quand la tête ordonne le combat
Le bras travaille à la victoire.
Tout guerrier, etc.

Ils ont franchi cent et cent fois
Fossé, bastion et muraille;
Il nous faudrait, pour compter leurs exploits,
Compter tous leurs champs de bataille.
Tout guerrier, etc.

Voyez ces braves officiers,
Et de tout grade et de tout âge
Leur front joyeux est couvert de lauriers
Dont la Gloire fit le partage.
Tout guerrier, etc.

Mais ce qui doit avec raison
Les faire honorer davantage,
C'est que partout, du grand NAPOLÉON,
Ils ont mérité le suffrage.
Tout guerrier, etc.

O vous dont les nombreux succès
Sont presque impossibles à croire,

Vos noms, gravés dans tous les cœurs français,
Vivront à jamais dans l'histoire!
Soldats, officiers, généraux,
Sont pour nous autant de héros!

Les MÊMES.

VERS

Mis au bas d'un buste de Sa Majesté l'Empereur Napoléon.

Air : *Un magistrat irréprochable.*

Toujours la gloire l'accompagne,
Soit dans la guerre ou dans la paix,
Et du vertueux Charlemagne
Il égala tous les hauts faits.
Quand ses vertus, son courage,
Nous rappelaient ce grand guerrier ...
Napoléon fit davantage ;
Il sut nous le faire oublier.

HENRY SIMON.

L'UNION.

Air de la ronde du Chaudronier de Saint-Flour.

Amis, chantons l'événement,
Dont l'heureuse influence
Va faire partout promptement
Renaître l'abondance.
Plus de crainte désormais.
Nous sommes tous satisfaits.
Que chacun de nous danse
Un rigodon,
Zig-zag, don-don,
Et rappelons en France
La gaîté, l'union.

Soyons surtout reconnaissans
Pour ceux dont la vaillance,
Du bonheur, en ces deux instans,
Nous donne l'assurance :
Que par nous, à leur retour,
Ils soient fêtés tour à tour,
Et qu'avec eux on danse

Un rigodon,
Zig-zag, don-don.
Qu'ils retrouvent en France
La gaîté, l'union.

Plus de souvenirs douloureux,
Que le passé s'oublie,
Autour d'un héros généreux
Que chacun se rallie.
Ne parlons plus de partis,
Qu'au sein des jeux et des ris
A tout moment l'on danse
Un rigodon,
Zig-zag, don-don;
Le bonheur de la France
Dépend de l'union.

MM. Bonel et Villiers.

LES RÉCOMPENSES.

Air du vaudeville de Figaro.

Souvent une récompense
Détruit un trait éclatant;
Et si l'on payait en France

L'honneur avec de l'argent,
Malgré sa magnificence,
Notre roi ne serait pas
Riche assez pour ses soldats.

Extrait de l'Hôpital militaire,
Par M. de Rougemont.

COUPLET.

Air : *Le magistrat irréprochable.*

Pour commander avec sagesse
La bravoure ne suffit pas ;
Le sang-froid, la ruse et l'adresse,
Ménagent le sang des soldats.
Choisissons celui qui préfère
Notre bonheur à ses succès,
Et qui ne prolonge la guerre
Que pour consolider la paix.

Extrait de l'Hôpital militaire.
Par M. de Rougemont.

LA CONSIGNE.

DIALOGUE.

Air : *Quand l'Amour naquit à Cythère.*

UNE JEUNE FILLE.

Croyez-vous qu'un garçon timide,
Et qui ne ſâchait jamais,
Dans les camps devinne intrépide?

UN VIEUX SOLDAT.

C'est la consigne du Français

LA JEUNE FILLE.

Mais croyez-vous qu'il se ménage,
Et que parmi tant de soldats;
Il soit toujours modeste et sage.

LE VIEUX SOLDAT.

La consigne n'en parle pas.

LA JEUNE FILLE.

Mais, croyez-vous qu'un militaire,
Courant de succès en succès,
Songe à ses parens, à son père.

LE VIEUX SOLDAT.

C'est la consigne du Français.

LA JEUNE FILLE.

Et s'il aime une demoiselle,
Qui pour lui soupire tout bas.
Croyez-vous qu'il lui soit fidèle?

LE VIEUX SOLDAT.

La consigne n'en parle pas.

Extrait de l'Hôtel de la Paix,

Par MM. Barré, Radet, Desfontaines et Dieu-la-Foi.

COUPLETS

Adressés aux Armées lors de leur passag
à Paris.

Air de la marche de Plantade.

UNE VOIX.

Que les accens de l'alégresse
Retentissent dans nos foyers;
Avec plaisir, avec ivresse
Recevons nos braves guerriers,
Les revoir comble notre attente!
Mes amis, chantons leur retour :
Jamais la France triomphante
Ne vit éclore un plus beau jour.

Fiers conquérans de l'Allemagne,
Vaillans chefs, courageux soldats,
Qui dans une seule campagne
Avez subjugué tant d'états,
Goûtez, au sein de la victoire,
Goûtez les charmes du repos;
Partout vous avez vu la gloire,
Elle suivait vos généraux.

Comment désigner de la France
Les intrépides combattans?
Quel mot de leur haute vaillance
Nous peindra les nobles élans?
Ah! si la muse de l'histoire
A retenu tous leurs succès,
Elle n'a plus, dans sa mémoire,
De place que pour les Français.

CHŒUR.

Pour célébrer la Grande Armée,
Unissons nos vœux et nos voix,
Et que partout la Renommée
Répande ses brillans exploits;
Sa valeur fait notre puissance,
Nous devons tout à nos vainqueurs!
Que pour eux la reconnaissance
Soit à jamais dans tous les cœurs.

BARRÉ, RADET, et DESFONTAINES.

COUPLETS.

Air : *Il marche à l'immortalité.*

UN FRANÇAIS.

Le héros, sauveur de la France,
Ramène sous ses étendarts
L'agriculture et la science,
Et l'industrie et les beaux-arts.
De tant de bienfaits, la mémoire
Vivra toujours dans notre cœur ;
Il a tout fait pour notre gloire,
Nous ferons tout pour son bonheur.

Une épouse auguste et chérie,
Trouve son plaisir le plus doux
A charmer constamment la vie
De celui que nous aimons tous.
Un jour on lira dans l'histoire
Du héros pacificateur :
Mars et Minerve ont fait sa gloire,
Joséphine a fait son bonheur.

UN RUSSE.

Lorsque sa puissance se fonde
Sur les exploits les plus fameux,
Le plus grand monarque du monde
Est encor le plus généreux.
A ma franchise l'on peut croire;
Oui, quoiqu'il soit notre vainqueur,
Le combattre fut notre gloire,
L'aimer sera notre bonheur.

Extrait de l'Hôtel de la Paix, vaudeville de MM. Barré, Radet, Desfontaines et Dieu-la-foi.

LE VIEUX MILITAIRE.

Air du vaudeville des vélocifères.

J'ai servi pendant quarante ans,
Je suis appesanti par l'âge;
Mais, malgré la guerre et le temps,
L'amitié double mon courage.
Pour vous payer de vos bienfaits,
Je me sens encore intrépide;

Sachez que, d'un soldat français,
Le cœur n'est jamais invalide.

Extrait de la même pièce.

LE VAUDEVILLE MILITAIRE.

Air : *La boulangère*, *etc.*

Le Vaudeville est un enfant
Joyeux, dispos, agile ;
A chaque heureux événement
On est sûr, dans la ville,
De voir le premier en chemin
Le petit Vaudeville
Malin,
Le petit Vaudeville.

Pour chanter la paix dignement,
S'il n'a pas un grand style;
S'il n'a qu'un petit instrument,
Si sa voix est débile,
Au moins il est toujours en train
Le petit Vaudeville
Malin,
Le petit Vaudeville.

On a vu souvent la chanson
D'un Troubadour habile,
Eterniser plus d'un grand nom
A la cour, à la ville :
L'Immortelle croît au jardin
Du petit Vaudeville
Malin,
Du petit Vaudeville.

Extrait de la même pièce.

LE CONSCRIT.

Air du vaudeville de oui et non.

Ils sont charmans, ces jeunes-gens;
A peine au sortir de l'enfance,
Ils font admirer dans les camps
Et leur conduite et leur vaillance.
Comme nous, ils sont aguerris
Tout en entrant dans la carrière,
Et le plus jeune des conscrits
Se bat comme un vieux militaire.

Extrait de la même pièce.

LA PAIX SUR UN RADEAU.

Air : *Tout le long de la rivière.*

Pour moi, c'que j'trouvons de plus beau,
C'est qu'tout ça s'est bâclé sur l'eau ;
Sur l'eau les deux maîtres de la terre
Ont éteint les feux de la guerre.
Or, de c't'événement public,
Je tire un heureux pronostic,
Et j'vois la paix filer en Angleterre,
Tout le long, le long, le long, le long, le long,
Tout le long, le long de la rivière.

Extrait de la même pièce.

LE POLTRON.

Air : *Une fille est un oiseau.*

Ce fanfan, qui l'aurait cru,
Oh ! c'est une chose étrange !
Comme la gloire vous change !
Je n'en suis pas revenu.

La guerre ne me plaît guères ;
Mais, si nos cousins, nos frères,
Sitôt qu'ils sont militaires,
Deviennent beaux et bien faits,
Je vous le dis, mon cher père,
Je partirai pour la guerre
Quand on aura fait la paix.

Extrait de la même pièce.

LES DRAPEAUX D'INSPRUCK,

CHANT MILITAIRE.

Air nouveau à faire.

UN SOLDAT DU 76e. DE LIGNE.

Nous avions, au sein des combats,
Perdu nos drapeaux et nos armes ;
Chaque jour nos braves soldats,
En y pensant, versaient des larmes.
Mais Bellone a comblé leurs vœux ;
Ils ont volé dans la carrière :
Leurs drapeaux, reconquis par eux,
Témoignent leur ardeur guerrière.

CHŒUR.

Les Français, aux champs de l'honneur;
Enfans chéris de la victoire,
Défendront toujours avec gloire
Leurs drapeaux et leur Empereur.

Le soldat, de son souverain,
Dans ses drapeaux croit voir l'image;
L'amour qu'il lui porte en son sein
Augmente encore son courage.
Il se bat toujours en héros
Près de cette image chérie;
Jamais il ne perd ses drapeaux
Que lorsqu'il a perdu la vie.

CHŒUR.

Les Français, aux champs de l'honneur,
Enfans chéris de la victoire,
Défendront toujours avec gloire
Leurs drapeaux et leur Empereur.

Ces drapeaux nous furent donnés
Par un chef intrépide et sage;
Maintenant, les ayant gagnés,
Nous les chérissons davantage.

De lauriers ils sont décorés ;
Mais tous, pleins d'une ardeur guerrière,
Jurons qu'ils seront arborés
Sur les rives de l'Angleterre !

CHŒUR GÉNÉRAL.

Les Français, aux champs de l'honneur,
Courageux, avides de gloire,
Ont pour garans de la victoire
Leurs drapeaux et leur Empereur.

HENRI SIMON.

CHANSONS

Pour le sacre de NAPOLÉON Ier.

Air : *J'ai vu partout dans mes voyages.*
ou : *Dorilas contre moi des femmes.*

QUELLE fête auguste et sublime
Se prépare en cet heureux jour !
Chantons le héros magnanime
Qui sut mériter notre amour.

Pleins de la plus vive allégresse,
Tous les Français, à l'unisson,
Répètent dans leur douce ivresse :
Vive à jamais NAPOLÉON !

C'est par lui que de l'anarchie
Le gouffre horrible fut fermé ;
C'est par lui que dans ma patrie
L'honneur s'est partout ranimé.
Amant chéri de la victoire,
Ami des vertus et des arts,
Il vole au temple de la gloire :
Ses guides sont Minerve et Mars.

Toi, qu'épouvante son génie,
Frémis, sombre et farouche Anglais ;
Le désespoir, l'ignominie,
Seront le prix de tes forfaits.
Ta rage a lassé les deux mondes ;
Tremble, perfide ! un Dieu vengeur,
Malgré tes vaisseaux et les ondes,
Va t'immoler à sa fureur.

NAPOLÉON, prends la couronne
Que t'offre ici tout bon Français ;
Tu t'es montré digne du trône
Par tes vertus, par tes hauts faits.

Notre choix, dicté par Dieu même,
Annonce à nos cœurs satisfaits,
Qu'en tes mains le pouvoir suprême
Sera la source des bienfaits.

AUTRE.

Air : *Mon père était pot.*

Si j'avions d'l'esprit zà foison,
Comm' ces messieurs d'la rime,
J'vous bâclerions une chanson
Qui s'rait digne d'estime
Sur Napoléon.
J'dirais, sans façon,
Tout c'qui fait qu'on l'admire;
Mais j'n'avons qu'not' cœur,
Et l'cœur, par malheur,
Sent mieux qu'il ne peut dire.

J'vous aurions raconté comment,
Dès sa tendre jeunesse,
D'un vieillard il eut l'jugement,
Et la haute sagesse,
Pour sauver l'état :
Vaillant au combat,

Savant à tout conduire,
Au sein des succès
Modeste à l'excès,
Voilà ce qu'on peut dire.

J'aurions célébré ses vertus,
Son bon cœur, sa clémence;
J'l'aurions peint l'enn'mi des abus,
L'ami de l'innocence;
Et tout bon Français,
En voyant ces traits
Du héros qu'il admire,
Se s'rait écrié
Qu'n'y a là qu'la moitié
De tout ce qu'on peut dire.

Mais quand on n'a pas le talent
De parler comme un livre,
Ça n'empêch' pas qu'au sentiment
Sans réserve on se livre,
Et j'dis de bon cœur:
Vive un Empereur
Qu'l'amour du bien inspire:
J'aim' NAPOLÉON,
Et j'veux sans façon
Le dire et le redire.

E. A. DOSSION.

LES SOUHAITS D'UN BUVEUR.

Air : *Tenez, moi, je suis un bonhomme.*

Si pour descendre en Angleterre,
Faisant un miracle nouveau,
Dieu, comme aux beaux jours de la terre,
En vin pouvait transformer l'eau,
Les Anglais, vous pouvez m'en croire,
Trembleraient tous à mon aspect !
Car bientôt, à force de boire,
Chez eux on irait à pied sec.

M. Brazier.

L'IMPROMPTU.

Air : *J'ons un curé patriote.*

En amour, ainsi qu'en guerre,
Par tous pays bien traité,
Le joyeux Français sait plaire
Par son amabalité.

D'une belle, en un moment,
Il devient le tendre amant,
Par la même vertu
Il la quitte en impromptu.

Comme un ami de la France,
Un Prussien était cité
Et cette chère alliance,
On sait ce qu'elle a coûté;
Mais ce qu'ami prussien,
Nous a pris pour notre bien,
Le Prussien bien battu
Va le rendre en impromptu.

Loin des guerres qu'il excite
L'anglais demeure passif,
Et se gave dans son gîte
Et de beurre et de rosbiff.
Mais bientôt viendra son tour,
Et nous donnerons un jour,
A l'Anglais bien repu
Un dessert en impromptu.

La guerre à peine commence,
Et déjà nos ennemis,
En dépit de leur jactance
Sont dispersés ou détruits.

Pour chanter tant de hauts faits,
Bien faibles sont ces couplets,
Mais, peut-être, il est dû
Indulgence à l'impromptu.

Extrait de la Colonne de Rosback,
Par BARRÉ, RADET et DESFONTAINES.

LE RÈGNE DE NAPOLÉON.

Air de la soirée orageuse.

PARTOUT et dans tous les instans,
Malgré sa principale affaire,
Il songe à tout en même tems,
En même tems, il sait tout faire.
Les travaux, grâce à ses bienfaits,
Vont toujours leur train ordinaire.
Et commencés durant la paix,
Il s'achèvent pendant la guerre.

Extrait de la colonne de Rosback,
Par MM. BARRÉ, RADET et DESFONTAINES.

LA COLONNE DE ROSBACK.

Air : *Dans ce salon, etc.*

Trop long-tems elle a subsisté,
Cette colonne fastueuse,
Et trop long-tems on a vanté
Son existence injurieuse ;
Si l'orgueil y grava les traits
De notre défaite passée ;
En tombant devant les Français
L'inscription s'est effacée.

Extrait de la même pièce,
Par LES MÊMES.

DIALOGUE

Entre un Prussien et un Français.

Air : *Contentons-nous d'une simple bouteille.*

LE PRUSSIEN.

Vous apprendrez bientôt ce que nous sommes

LE FRANÇAIS.

Mais vous savez tout ce que nous valons.

LE PRUSSIEN.

Ce sont des dieux que de semblables hommes.

LE FRANÇAIS.

Et les Français ce sont tous des démons.

LE PRUSSIEN.

Nous être pas des soldats de milice,
Que l'on n'a fait manœuvrer qu'à demi.
Dèpuis quinze ans nous faisons l'exercice.

LE FRANÇAIS.

Depuis quinze ans nous battons l'ennemi.

Extrait de la même pièce,
Par LES MÊMES.

TOAST

Porté à l'Empereur par les Electeurs.

Air : *Un chanoine de l'Auxerrois.*

Plus amis du vieux que du neuf,
Nous prêchions en quatre-vingt-neuf
La paix et l'harmonie :
En dix-huit cent quatre assemblés
Ici nous sommes appelés
Par le même génie :
Puisque depuis quatre-vingt-neuf,
Nous sommes réparés à neuf,
Le verre en main,
N'ayons qu'un refrein,
La paix et l'harmonie.

Electeurs loyaux et discrets,
Tâchons d'effacer quelques traits
Qui gâtent notre histoire :
La raison a repris ses droits :
Nous avons des mœurs et des lois,

Des lois et de la gloire;
Mars a des faisceaux de lauriers
Qu'il partage avec ses guerriers :
A leur santé,
Leur prospérité,
Je suis pressé de boire.

Vous qui des rives d'Albion
Osez faire à Napoléon
La plus injuste guerre,
Son bras, fait pour vous enchaîner,
Sait ramer, vaincre, gouverner
Et sur mer et sur terre :
Comme Guillaume dans son *yack*,
Il ira, malgré monsieur Drack,
A la raison
Remettre Addington,
Pitt et son Angleterre.

Anglais sans foi, méchans voisins,
Malgré les traités les plus saints,
Vous ne savez que prendre;
Soutenus par vos *argousins*,
Vous voulez dans vos magasins
Tout avoir et tout vendre;
Hormis l'honneur, vous prenez tout
Et, dans vos murs poussés à bout,

Hormis l'honneur,
Chez vous le vainqueur,
Aura tout à reprendre.

Portons ce *toast* au fier vainqueur,
L'enfant gâté, l'ami du cœur
Du dieu de la victoire :
Comme empereur Bonaparté
Par nous d'avance était compté
Au temple de mémoire.
Oh! quand toujours exploits nouveaux
Vont signaler notre héros,
Comme aujourd'hui
Que de vin pour lui,
En France il faudra boire.

Que de traits j'aurais à tracer
Si je voulais vous esquisser
L'auguste Joséphine!
Lui parlez-vous d'un malheureux,
Son cœur sensible et généreux
D'avance vous devine ;
Chaque jour un nouveau bienfait
Augmente le bien qu'elle a fait.
Le verre en main,
Jusques à demain
Buvons à Joséphine.

Desfontaines.

C'EST LUI,

Ronde de l'Auberge de Munich.

Air : *Dans la paix et l'innocence.*

Ainsi donc toute la terre
Retentit de ses hauts faits ;
Du plus grand homme de guerre
L'Europe reçoit la paix :
Qu'il faut être téméraire
Pour le chanter aujourd'hui !
Notre hommage est bien sincère,
Mais est-il digne de lui ?

Depuis dix ans sur la France
Qu'il a versé de bienfaits !
Nous étions tous en souffrance,
Nous étions tous inquiets ;
De Fréjus un cri s'élance.
Pour nous quel beau jour a lui !
Renaissons à l'espérance ;
Nous sommes sauvés ; c'est lui !

Donner aux braves l'exemple,
Comme aux sages des leçons ;
Du monde qui le contemple
Calmer les discussions ;
Fonder, malgré les obstacles,
Notre bonheur aujourd'hui ;
Eh donc ! qui fit ces miracles !
L'Univers répond : c'est lui.

Du digne fruit de ses veilles
Quand nos neveux jouiront ;
Etonnés de ces merveilles,
Quand nos enfans nous diront :
Au milieu de tant d'orages,
Quel homme fut votre appui?
Qui ralluma vos courages?
Nous leur répondrons : c'est lui.

Pour rétablir de la France
Et l'empire et la splendeur,
Il nous fallait la puissance
D'un héros-législateur ;
Il fallait de l'Allemagne
Et le vainqueur et l'appui,
Enfin, plus que Charlemagne :
Nous l'avons trouvé ; c'est lui.

Dans le nord de l'Allemagne,
Soldats du grand général,
Quelle brillante campagne!
Quel succès au nôtre égal!
Sous ses ordres la victoire
Loin de nous n'a jamais fui;
Nous lui devons notre gloire:
Nos cœurs, nos bras sont à lui.

Quelle est l'âme bienfaisante
Qui sert si bien ses projets,
Qui par sa grâce touchante
Double le prix des bienfaits,
D'orphelins mère chérie,
Des pauvres vieillards l'appui?
Toute la France s'écrie:
Celle qui règne avec lui.

PICARD.

LA PAIX.

FILLE du Ciel, qui des bienfaits
Est la source féconde,
Calme la France, heureuse paix,
Tu calmeras le monde.

Répands tes célestes rayons
Sur les deux hémisphères ;
Et qu'à jamais les nations,
Soient un peuple de freres.

Gloire à nos soldats, généraux,
Préparons leurs couronnes ;
La paix qui finit tous nos maux
Leur valeur nous la donne ;
Que les monumens de la paix,
Elevés par la France,
Consacrent leurs noms, leurs bienfaits,
Et sa reconnaissance.

Ton doux empire est affermi,
Divinité chérie,
Le Prusse et l'Empire ont suivi
L'Espagne et l'Italie ;
L'Anglais seul mandie à grands frais
Des armes étrangères,
Il va savoir, grâce aux Français,
Que les peuples sont frères.

M. Aude.

LE RADEAU DE TILSITT.

Air : *Du haut en bas.*

Sur un radeau
J'ai vu deux maîtres de la terre :
Sur un radeau
J'ai vu le plus rare tableau :
J'ai vu la paix , j'ai vu la guerre,
Et le sort de l'Europe entière,
Sur un radeau.

Sur un radeau
On vit César et sa fortune :
Sur un radeau
Nous voyons un César nouveau
Défendre la cause commune,
Punir les amis de Neptune
Sur un radeau.

Un tel radeau
Terminera plus d'une affaire :
Un tel radeau
Vaut mieux que le plus gros vaisseau.
Je parîrais que l'Angleterre
Craindrait moins une flotte entière
Qu'un tel radeau.

DELORME.

COUPLETS

Extraits de l'Hôpital Militaire.

Le capitaine des troupes piémontaises propose aux soldats français renfermés dans le château de *Monte-Calvo* de se rendre.

LE CAPITAINE.

Air : *Trouverez-vous un parlement.*

Au cours brillant de nos exploits
Vous opposez de vains obstacles.

VA-DE-BON-CŒUR.

Serait-ce la première fois
Qu'on vous eût fait croire aux miracles.

LE CAPITAINE.

D'un dévouement extravagant
La mort est le prix ordinaire.

VA-DE-BON-CŒUR.

Monsieur, si la mort est devant,
Songez que la honte est derrière.

Le capitaine leur demande qu'ils laissent les Piémontais prendre de l'eau à une fontaine dont la source est dans le château. Va-de-Bon-Cœur refuse.

LE CAPITAINE (outré).

Air du vaudeville de l'avare.

Redoutez tout de notre haine;
Oser nous refuser de l'eau!

VA-DE-BON-CŒUR.

Pour disposer de la fontaine,
Rendez-vous maître du château.

LE CAPITAINE.

Songez que nous sommes à craindre;
Qu'à ce malheureux galetas
Nous mettrons le feu....

VA-DE-BON-CŒUR.

Dans ce cas,
Nous garderons l'eau pour l'éteindre.

DE ROUGEMONT.

VAUDEVILLE.

Air : *M. Doche.*

Que la chansonnette
Circulant
Gaîment
Se répète ;
Fêtons en goguette
Ce moment
Charmant

BLAINVAL, Fils.

Fils de Mars,
Eugène,
Villars,
Condé, Turenne,
Vos noms sont éclipsés,
Vos exploits surpassés.

CHŒUR.

Que la chansonnette, etc.

MILORD.

On a vanté
Lé loyauté
Qui règne en France;
Mais
On parlé jamais
De celle dé Anglais.

CHŒUR.

Que la chansonnette, etc.

BLANCHARD, père.

Riant Momus,
Friand Comus,
Dieux de la panse!
Aidez-moi, tour à tour,
A fêter ce retour.

CHŒUR.

Que la chansonnette, etc.

FRÉDÉRIC.

Belles,
Chez nous,
A leurs époux
Sont très-fidelles.
Ah! puissé-je à Paris
Retrouver mon pays.

CHŒUR.

Que la chansonnette, etc.

BENJAMIN.

Je renonce à l'espoir
D'avoir
Une maîtresse;
Car plus le temps s'en va,
Et moins il m'en viendra.

CHŒUR.

Que la chansonnette, etc.

DURAND.

Si des vrais guerriers,
Les lauriers

Font la richesse,
Morbleu ! tous nos guerriers
Sont de vrais financiers.

CHŒUR.

Que la chansonnette, etc.

ROSE.

Que de parens,
Heureux, contens !
Que de familles,
Par des hymens charmans,
Vont doubler leurs enfans !

CHŒUR.

Que la chansonnette, etc.

MADAME DUMONT.

Paris
Abonde en maris
Pour les jeunes filles,
Et cependant, hélas !
Moi, je n'en trouve pas.

CHŒUR.

Que la chansonnette, etc.

ADÈLE.

Si Clio se tait,
C'est qu'il est
Difficile
De louer un soldat
Aussi bien qu'il se bat.

CHŒUR.

Que la chansonnette, etc.

EUGÉNIE.

Faute de lauriers,
Pour nos guerriers,
Le Vaudeville
Vient semer quelques fleurs
Sur les pas des vainqueurs.
Que la gaîté brille
Dans notre séjour,
En ce jour.
Fêtons en famille
L'instant du retour.

CHŒUR.

Que la gaîté brille, etc.

LE TAMBOUR ET LE TAMBOURIN.

RONDE.

(Ritournelle d'un air vif et champêtre.)

A la ville comme au hameau,
Dans les champs ou sur la fougère,
Avec Mars, avec Isabeau,
Qu'on fasse l'amour ou la guerre!
Pour mettre tout le monde en train,
N'y a que l'tambour et l'tambourin!

Qu'un militaire aille au combat,
Qu'un' jeune fille se marie,
Veut-on savoir comm' l'un se bat,
Comm' l'autre en dansant est jolie?
Pour les mettre chacun en train
N'ya que l'tambour et l'tambourin!

Quand d'la bataille on a le gain,
Qu'on veut s'réjouir ed'la victoire,
Quand de la noce vient le festin,
Qu'on veut danser, chanter et boire,
Pour mettre tout le monde en train,
N'ya que l'tambour et l'tambourin.

Quand not' emp'reur marche à l'enn'mi,
Tous les tambours sont du voyage,
Quand il revient vainqueur chez lui,
Les tambourins sont tous en nage ;
Pour mettre les Français en train,
N'ya que l'tambour et l'tambourin.

M. Sewrin.

LA BRANCHE D'OLIVIER.

RONDE.

Air : *Dans la paix et l'innocence.*

En dansant chaque dimanche,
Sous l'ormeau du grand voisin,
Je faisons voir une branche
Que je tenons à la main,
Là, je disons aux familles,
Surtout aux garçons, oui dà,

Oui dà, vous reluquez Fanchon, Jeannette, Babet ; elles vous affriandont, elles sont de votre goût. D'accord, à merveille, fort bien ; mais bernic pour s'tila qui ne sait pas les mériter :

Voulez-vous avoir nos filles,
Montrez-nous c'te branche-là. (*Bis.*)

Un guerrier de bonne mine,
A la dans' voit Manon,
Et la friponne devine
L'tourment du brave garçon.
Il s'adresse à la famille,
Qui répond d'abord, oui-dà,

Manon vous a donné dans l'œil, c'est tout simple; mais je ne disposons pas de son cœur; son mariage la regarde : elle arrive à l'instant. Je ne voulais épouser personne, mon père, je vous l'avais dit, mais. . . .

Comment peut-on rester fille,
Quand on voit c'te branche-là. (*Bis.*)

Oh! queu douce jouissance
Nous prépare ce beau jour,
C'te paix dont toute la France
Désira tant le retour!
Chacun de nous dans sa famille,
Sur les routes s'en ira :

C'est lui, le voilà; c'est mon frère, mon fils, mon cousin; mon ami, viens, pleurons de joie. D'où viens-tu ? que dis-tu ? qu'as-tu vu ? conte-moi ça. Le plaisir m'empêche de vous répondre. Justine m'aime-t-elle toujours : son père, qui est si riche voudra-t-il la donner à un soldat ? A un soldat, morgué, ne viens-tu pas de le défendre? Apprends qu'il est bon citoyen.

On est sûr d'avoir une fille
En montrant c'te branche-là. (*Bis.*)

M. Aude.

VAUDEVILLE

Extrait de la pièce intitulée, *l'Opéra au Village.*

LE COLONEL SAINT-LÉON.

Voila celui qui dans les camps
Brava les dangers, la fatigue ;
Dont le courage, en peu d'instans,
Du Nord a su rompre la ligue !
S'il peut vous rendre le bonheur,
Français, qu'importe pour son cœur

Qu'un autre éclat à ses yeux brille.....
Modeste après tant de travaux, } *Bis en*
Il préfère au nom de héros, } *chœur*
Celui de père de famille. } *général.*

LE GÉNÉRAL.

Vous ne pouviez, à mon retour,
M'offrir un plus flatteur hommage;
De nos campagnes ce beau jour
Me représente encor l'image :
Comme ici, parmi ses soldats,
Au milieu des plus forts combats,
C'est peu que son courage brille,
Je l'ai vu parcourir les rangs,
Et veiller sur tous ses enfans
Comme un bon père de famille.

ALIX.

V'là qu'un traité fait d'bonne foi,
Unit la France et la Russie,
Et v'là que déjà plus d'un roi
S'est mis avec nous d'la partie !
V'là qu'on oubli' qu'est-c' qu'a eu tort,
V'là qu'on oubli' qu'est-c' qu'est l'plus fort,

Faut maint'nant qu'un' autre espoir brille !
Et là-d'sus j'veux dire mon mot,
C'est qu'l'Europe entière bientôt
Ne fasse plus qu'une famille.

LUCAS.

Un grand seigneur..... d'ces pays-là
Avait mal agi dans sa place ;
V'là qu' l'épouse en pleurant s'en va
Pour son mari demander grâce.
L'emp'reur qu'avait en main, dit-on,
Des preuves de la trahison,
La trait' pourtant comme sa fille.....
V'là qu'lui-même, en pleurant un peu,
Jette tous les papiers au feu,
Et rend l'époux à sa famille.

UN VIEILLARD, aux enfans qui l'entourent.

Vers l'immortel qui vous entend,
Portez vos vœux, votre espérance ;
Le ciel, propice et bienfaisant,
Sourit à la voix de l'enfance.
Priez qu'il conserve à jamais
L'appui généreux des Français !

Que long-temps son étoile brille !
En comblant notre heureux destin,
Qu'au milieu de son peuple enfin,
Il goûte l'bonheur en famille.

UNE JEUNE FEMME.

Tandis que bien loin la valeur
Combattait, illustrait la France,
La bonté, soutien du malheur,
Veillait ici sur l'indigence.
Digne compagne d'un héros,
Pour rivaliser ses travaux
Partout sa bienfaisance brille ;
Mais envain son rang éblouit,
Partout on l'aime, on la chérit,
Comme une mère de famille.

DUPONT.

Dans mon ouvrage, par malheur,
On m'a contrarié sans cesse ;
Chacun m'arrête, et monseigneur
N'a point vu la fin de ma pièce.
Quoique mes vers, quoique mon plan
Soit bien conçu, soit excellent,

Je vois, à la gaîté qui brille,
Que tout le talent d'un auteur
Ne vaut pas l'impromptu du cœur,
Pour une fête de famille.

SOPHIE.

En ce moment, si notre voix
Se mêle à la commune ivresse,
Si quelques tableaux villageois
Ont exprimé notre allégresse,
En partageant notre bonheur,
Messieurs, jugez-nous sans rigueur;
Que l'indulgence à son tour brille,
Et, par un surcroît de faveurs,
Daignez ajouter quelques fleurs
A notre bouquet de famille.

M. SEWRIN.

RAN PLAN PLAN TAMBOUR BATTANT.

Chanson de Caserne.

Air : *J'ons un curé patriote.*

Je suis premier tambour maître
Dans un brave régiment
Et je me suis fait connaître
En Egypte, à Friedland ;
Bon soldat, joyeux amant,
Je vais toujours en avant :
Ran plan plan
Tambour battant. } *Ter.*

Un jour, en Poméranie,
Je trouvai sur mon chemin
Villageoise bien jolie,
Venant d'un marché voisin :
Je l'abordai galamment,
Et lui parlai sentiment.
Ran, etc.

De ma petite ennemie
Comme le sein palpitait :
Dans mon cœur brûlant d'envie,
Comme la charge battait !
Vers un bois sombre et charmant
J'emmenai la belle enfant.
Ran, etc.

« Hélas ! qu'allez-vous me faire?
Me tuer, c'est bien cruel ! »
— Soyez tranquille, ma chère,
L'accident n'est pas mortel :
Je vous ferai seulement
Ce qu'ont fait papa, maman.
Ran, etc.

Arrivés sous la coudrette,
Je l'embrassai vivement,
Et lui fis de la baguette
Connaître le maniement :
Elle prit docilement
Deux leçons dans un moment.
Ran, etc.

Le regard de la fillette
Etait vif et caressant :
Tu bats trop tôt la retraite,
Me dit-elle soupirant.....

« Ennemi que j'aime tant,
Fais encore un roulement. »
Ran, etc.

Il faut être impitoyable,
Ou bien froid, pour refuser
Villageoise jeune, aimable,
Qui veut un triple baiser.
Je repris le mouvement,
Et trois fois je fis vraiment
Ran, etc.

J'ai su que la pauvre fille
Fut triste pendant neuf mois,
Et qu'on a dans la famille
Un petit *Tapin* du bois.
On m'écrit qu'il est bruyant,
Et qu'il criait en naissant :
Ran, etc.

Je n'oublierai de ma vie
Cette forêt, ce beau jour,
Les attraits de mon amie,
Et son goût pour le tambour :
Je reviendrai constamment
L'épouser trois fois par an.
Ran, etc.

Distillez la quintescence
Des sentimens amoureux,
Céladons par excellence,
A l'œil tendre, aux blonds cheveux,
Roucoulez votre tourment,
Pour moi, je fais sur-le-champ :
Ran plan plan } *Ter.*
Tambour battant.

DELORME.

LA VIVANDIÈRE.

Air : *Lon, la, landerirette.*

POUR assurer la victoire,
J'vous mets les soldats en train ;
Gaîment, je leur verse à boire,
En leur chantant un refrein :
Et pour qu'ils s'enivrent de gloire,
Moi, je les enivre de vin.

Tous les peuples de la terre,
Epris de ce jus divin,
De la bouteille et du verre
Aiment le joyeux tintin :

Ils ont beau se faire la guerre,
Ils ne font pas la guerre au vin.

Extrait des Bateliers du Niemen, par MM. FRANCIS, MOREAU et DÉSAUGIERS.

LA RENOMMÉE.

Air du vaudeville de Frosine.

TOUT soldat partage l'ardeur
Dont sa grande âme est enflammée,
Il n'a lassé par sa valeur
Que la voix de la Renommée.
Et tant de fois jusqu'aujourd'hui,
Il fit retentir sa trompette;
Qu'un guerrier doit craindre, après lui,
De la trouver muette.

Extrait de la même pièce,
par LES MÊMES.

LES SABRES D'HONNEUR.

Air : *Aussitôt que la lumière.*

Quand dans une guerre active
Chaque soldat s'est battu,
D'une marque distinctive
Doit-il être revêtu ?
Bravant toutes les entraves,
Se battant avec valeur,
Tous les sabres de nos braves
Sont tous des sabres d'honneur.

Brazier.

NAPOLÉON.

Air du vaudeville d'Angélique et Melcour.

Il est son premier magistrat,
Quand il faut venger l'innocence,
Comme il est son premier soldat,
Quand il faut défendre la France,

Et dans ses généreux projets,
Redoutant un conseil sinistre,
Dès qu'il faut traiter de la paix,
Il est son premier ministre.

Extrait des Bateliers du Niémen, par MM. Francis, Moreau et Désaugiers.

VAUDEVILLE DES BATELIERS DU NIÉMEN.

Air de la chasse du Jeune Henri.

LA VALEUR.

Vive à jamais
La paix,
Et le héros qui nous la donne :
Son bras couronne
Nos souhaits.
Vive à jamais,
Vive la paix.

Amis, dans le lointain,
Entendez-vous l'airain

Qui tonne ?
Enfin,
Ce bruit divin
Des combats annonce la fin.
Que le joyeux tambourin
Succède au tocsin
De Bellone.
Au jeu livrons-nous sans frein,
Et n'ayons tous qu'un seul refrein.
Vive à jamais, etc.

LE PÈRE GAILLARD.

Par de nouveaux succès,
Chaque jour le Français
M'étonne.
De ces braves soldats
Rien ne peut arrêter les pas :
Tous savent dans les combats
Mériter la même couronne :
Mais pour ces heureux guerriers
Où trouver assez de lauriers.
Vive à jamais, etc.

LA MÈRE AICOFF.

Combien j'ai l'cœur joyeux
D'avoir réuni nos familles !

En nous comptant tous deux,
L'même jour va fair' quatorze heureux :
Et puisqu'au gré d'mes souhaits,
Je m'débarrassons d'mes six filles,
Dans ma maison désormais
J'vas doublement avoir la paix.
Vive la paix, etc.

LISE (au public).

A nos héros français
Nous offrons un trop faible hommage :
Sans doute nos couplets
Célèbrent mal tant de hauts faits;
Mais au retour de la paix,
L'ivresse dicta cet ouvrage.
Puissiez, à l'applaudir,
Trouver tous le même plaisir !
Chantons la paix,
Heureux Français,
Du bonheur c'est le doux présage.
N'ayons qu'un refrein désormais,
Vive à jamais,
Vive la paix.

MM. MOREAU, DÉSAUGIERS et FRANCIS.

LE GRENADIER,

CHANSON.

Je suis un bon soldat,
Ti, ta, ta,
Tout cède à mon courage;
J'ai dans mon fourniment,
Patapan,
De quoi faire ravage.

Quand je vais au combat;
Ti, ta, ta,
Pour moi c'est une fête;
Quand je monte à l'assaut,
Tôt, tôt, tôt,
Jamais rien ne m'arrête.

Aussitôt que j'entends
Patapan,
La gloire m'aiguillonne,
Et d'un air résolu,
Tu, tu, tu,
Sur l'ennemi je donne.

Il a beau faire feu,
Ventrebleu,
Je ris de sa menace,
S'il ne se rend d'abord,
Par la mort!
Je l'étends sur la place.

Pour devenir vainqueurs,
Tendres cœurs!
Prenez-moi pour modèle :
A grands coups de canon,
Patapon,
Battez la citadelle.

Allez près d'un objet,
Vîte au fait,
Devenez téméraires.
Quand les dehors sont pris,
Mes amis,
La place ne tient guères.

Par PANARD.

VEILLÉE DE LA PAIX.

Air d'Ovinska, musique de Gaveaux.

Sous les coups affreux de Bellone,
On a vu fils, amis, parens,
Tomber, périr à leur printemps,
Comme la feuille dans l'automne:
Mais par le retour de la paix
La France enfin est consolée ;
A célébrer ses doux bienfaits,
Employons (*Bis*) la *veillée*.

Chaque jour fut un jour d'alarmes
Pour ce bon vieillard dont le fils,
Voulant défendre son pays,
Quitta ses pinceaux pour les armes.
Mais il doit revenir bientôt ;
Voyez sa famille assemblée,
Afin de l'embrasser plutôt,
Prolonger (*Bis.*) la *veillée*.

Enfin l'heureux Dorval arrive,
Et semblable à tous nos guerriers,

Il est ombragé de lauriers
Qu'embellit la branche d'olive;
Contre les myrtes de l'Amour,
Il les change avec Thimolée,
Et le dieu d'hymen, pour ce jour,
Raccourcit (*Bis.*) la *veillée*.

Le sort favorable et prospère
Couronne ces jeunes époux :
Au gré de ses vœux les plus doux,
D'un beau garçon Dorval est père.
Ils le font jouer sous l'ormeau
Couvert d'une épaisse feuillée,
Et tous deux près de son berceau
Vont passer (*Bis.*) la *veillée*.

Pour eux tout devient jouissance,
Jusqu'aux soins les plus fatiguas;
Car les caresses des enfans
Des parens sont la récompense;
Et quand la saison des plaisirs
Sera bien loin d'eux écoulée,
Les plus aimables souvenirs
Charmeront (*Bis*) la *veillée*.

HECTOR CH....

LE TAMBOUR,

CHANSON BRUYANTE.

Air du ballet des pierrots.

MAINT chansonnier, dans sa folie,
Produit des milliers de couplets;
Presque toujours on les oublie
Au même instant qu'il les a faits.
Mais les miens, réduits à la ronde,
Doivent exister plus d'un jour;
Car je vais chanter le tambour.

Le tambour, loin de m'être à charge,
M'est utile dans bien des cas;
Avec l'amour je bats la charge,
Et je mets les jaloux au pas;
Quand de ses vers Midas m'assomme,
Je bats la retraite à l'instant;
Fâcheux créanciers, tous en somme,
Je les mène tambour battant.

Dans la musique je préfère,
Aux airs doux les morceaux bruyans;

Aussi le tambour sait me plaire
Mieux que les autres instrumens.
Nos héros, amans de la gloire,
En sont bien payés de retour:
Qui les conduit à la victoire?
Amis, n'est-ce pas le tambour?

Vous qui possédez l'art de plaire,
Et qui desirez un amant,
Belles, prenez un militaire,
Joyeux, vif, aimable et vaillant :
Pour vous, de l'ardeur la plus belle,
Son cœur brûlera sans détour;
Il vous sera toujours fidèle....
Jusqu'au premier son du tambour.

Destouches, qu'à tort on oublie,
Fit plus d'un ouvrage charmant;
Cher à Momus, cher à Thalie,
Il instruisit en amusant.
De la gaîté suivant le code,
Il a su plaire plus d'un jour,
Et bien des pièces à la mode
Font moins de bruit que son *Tambour*.

Bravant les coups de la fortune,
Joyeux, je vais toujours chantant;

Bravant la critique importune,
Ma muse va toujours rimant.
Si quelque censeur trop sévère
Veut me jouer un mauvais tour,
Je saurai, pour le faire taire,
L'étourdir avec mon tambour.

ARMAND-SÉVILLE.

COUPLET.

JALOUX d'honorer la vaillance,
Son œil la suit dans tous les rangs;
Mais comment d'une récompense
Payer tous les faits éclatans ?
Tant de droits à la renommée
S'obtiennent à chaque combat,
Qu'il compterait dans son armée
Vingt colonels pour un soldat.

Extrait des Bateliers du Niémen, par MM. M reau, FRANCIS et DÉSAUGIERS.

LE RADEAU.

Air : *Voilà bien ces lâches mortels.*

« Simple ouvrier, fier conquérant,
» Modèle du prince et du sage,
» Amis, pourquoi Pierre-le-Grand
» Ne peut-il juger notre ouvrage ?
» Si ce roi qui fut charpentier,

» Pour le bonheur du monde entier,
» Il eut fait le radeau lui-même. »

Extrait de la même pièce,
par les mêmes.

COUPLETS

D'un Volontaire qui rejoignait en poste.

Air : *Trouverez-vous un parlement.*

Camarades, attendez-moi,
Je veux ma part de la victoire ;
Pour vous atteindre, il faut, ma foi,
Ne dormir, ni manger ; ni boire : (1)

Galopant par monts et par vaux,
Les postes de la Germanie
Ont crevé leur meilleurs chevaux
Pour suivre votre infanterie.

Sur tes pas cherchant des lauriers,
On croit arriver pour se battre,
Et l'on ne voit que prisonniers (2)
Au lieu d'ennemis à combattre.
NAPOLÉON, par tant d'exploits,
Si l'Europe n'est pas calmée,
Pour triompher une autre fois,
Daigne attendre au moins ton armée. (3)

Faisons notre ennemi cocu,
C'est le plus beau droit de la guerre ;
Mais gardons-nous que le vaincu
D'enfans à nous se trouve père.
La race due à nos succès
Serait trop belle et trop hardie :
Chez l'ennemi, tout bon Français,
Doit tricher un peu son amie.

J'ai vu ce château somptueux, (4)
Où, non loin de sa capitale,
Chaque été venait François deux,
Avec sa cour impériale :

Sur le choix, s'il me consultait,
J'aimerais mieux, foi d'homme honnête,
La campagne qu'il habitait,
Que la campagne qu'il a faite.

Messieurs les Russes, grand merci! (5)
Votre bonté n'a point d'égale,
Vous sembliez m'attendre ici
Pour une fête générale;
Nous sommes prêts, et vous verrez
Que nul de nous n'est en semestre.....
Demain matin vous entendrez
Notre ouverture à grand orchestre.

Entendez-vous ces cris soudains (6)
De nos troupes enthousiasmées?
Voyez-vous brandir en leurs mains
Cent mille torches enflammées?
C'est une visite impromptu
Que Napoléon nous a faite....
Eh! qui diable serait battu,
Sortant d'une pareille fête?

Ce feu dont tout le camp français
S'embrâse en demandant *bataille*,
Garant certain de nos succès,
Vous promet mieux qu'un feu de paille.

Si demain Alexandre est là,
Et que sa maison s'y hasarde,
Sa garde noble trouvera, (7)
Chez nous une plus noble garde.

Eh bien! messieurs, qu'en pensez-vous? (8)
Vous a-t-on frotté d'importance?
Vous aviez, dit-on, juré tous
De passer votre hiver en France.
Un pareil serment, j'en conviens,
M'a paru d'abord assez drôle......
Mais aujourd'hui, je l'entends bien....
Vous viendrez chez nous.... sur parole.

Comme chaque peuple a ses mœurs,
Et ses goûts, et son caractère,
Chacun aussi prend les couleurs
Et le costume qu'il préfère.....
Qu'on choisisse donc à son gré;
Pour moi, fidèle à ma devise,
Par tous pays je chanterai :
Victoire à la capote grise. (9)

Camarades, qu'ai-je entendu!
L'ennemi n'en veut plus découdre,
Au bonheur des Français rendu,
Napoléon suspend sa foudre.

Des arrangemens qu'il a faits,
Ma foi, je ne m'informe guère,
Je suis sûr qu'on fait bien la paix
Quand on fait aussi bien la guerre.

LONCHAMPS.

---

(1) Les postes étaient en effet si mal servies, et l'armée allait si vîte, qu'en ne couchant que trois fois de Paris à Brunn, il a fallu dix-sept jours pour rejoindre.

(2) La route était en effet couverte de prisonniers, dirigés par fortes colonnes vers la France.

(3) Quelque exagérée que semble d'abord cette expression, il est de fait que beaucoup de corps destinés à faire partie de la grande armée, étaient encore en marche pour s'y joindre, lorsque l'empereur est entré à Vienne.

(4) Schœnbrunn, superbe château de l'empereur d'Autriche, tout près de Vienne.

(5) Ce couplet, et ceux qui suivent, datent du moment où les Russes, après avoir attaqué les avants-postes à Vischaw, ont paru se disposer à une bataille.

(6) Rien ne peut rendre l'effet, tout à la fois sublime et attendrissant, que produisit, dans la nuit du 10 au 11, la promenade inattendue de l'Empereur dans son camp; les soldats, dans une espèce de délire, chantant, dansant, pleurant, criant *bataille* et *vive l'Empereur!* convertissant en flambeaux la paille de leur bivouac, et agitant autour du héros ces torches triomphales, semblaient vouloir, en chassant la nuit, hâter l'heureux anniversaire où le choix fait par leur amour, allait être confirmé par la victoire.

(7) Alexandre avait désiré que sa maison rencontrât celle de l'Empereur français, et, par malheur pour sa garde noble, ce vœu s'est trouvé rempli.

(8) Le lendemain de la bataille.

(9) La capote grise de Napoléon est connue par son armée, comme le panache d'Henri IV l'était par la sienne.

LES JEUNES CONSCRITS.

Air du vaudeville de l'avare.

Voyez nos jeunes militaires
Braver les dangers, les hasards,
Et servir comme volontaires
Sous les drapeaux sanglans de Mars.
Sur leur tête, quand l'airain gronde,
Bien loin d'avoir peur du canon,
Ils n'ont pas de barbe au menton,
Et font la barbe à tout le monde.

Extrait de *Maître-André*, par Dumersan et Brasier.

LE FOURNISSEUR.

Air : *Je suis né natif, etc.*

De nos guerriers, on peut m'en croire,
J'ai toujours partagé la gloire ;
Chacun de nous, dans ce qu'il fit,
Sut mettre le temps à profit :

S'ils ont vaincu bien des obstacles,
J'ai fait aussi quelques miracles :
Notre pays s'est agrandi,
Et moi, je me suis arrondi.

Extrait de *Enfin nous y voilà.*

LES SABRES D'HONNEUR.

Air : *Il marche à l'immortalité.*

Celui dont la main récompense
Le zèle et l'ardeur du soldat,
Soldat aussi, par sa vaillance,
Fut un vrai modèle au combat.
D'offrir ces présens de Bellone,
S'il était en notre pouvoir,
Combien le héros qui les donne
Devrait lui-même en recevoir !

Extrait de *Enfin nous y voilà.*

VAUDEVILLE DE ENFIN NOUS Y VOILA.

Air : *J'ons un curé patriote.*

GERMAIN.

Bien des gens forts en promesse,
Long-temps ont promis la paix ;
Mais, en la montrant sans cesse,
Ils ne la donnaient jamais.
La voulaient-ils bien ceux-là ?
Ne parlons plus de cela :
Malgré ça, malgré ça,
Malgré ça, nous y voilà.

GENEVIÈVE.

Le bon père de famille
Attendait un fils chéri :
Tout bas, la sensible fille
Soupirait pour un mari.
Bonnes gens, un jour viendra
Qu'à la porte on frappera...
Ce jour-là, ce jour-là,
Ce jour-là, nous y voilà !

MUICET.

Quand du Nord une puissance
Armait contre nous son bras,
Admirant tant de vaillance,
Nous nous répétions tout bas :
« Le Nord pour nous changera,
« L'amitié l'échauffera : »
Ce jour-là, ce jour-là,
Ce jour-là, nous y voilà !

PLUMOISON.

Maint fripon, pendant la guerre,
S'était par trop bien nourri ;
Maint honnête homme, au contraire,
Pendant la guerre a maigri :
Mais le fripon maigrira,
L'honnête homme engraissera.
Ce jour-là, ce jour-là,
Ce jour--là, nous y voilà !

VICTOR.

L'Anglais, toujours intraitable,
L'Anglais, fier tyran des eaux,
Croit son île inabordable,
Grâce à ses nombreux vaisseaux ;

Mais peut-être un jour viendra
Que, malgré ces remparts-là,
On dira, on dira,
On dira : nous y voilà !

UN PETIT GARÇON.

Mon papa, par ses alarmes,
Vit suspendre ses travaux.

UNE PETITE FILLE.

Et maman a de ses larmes,
Souvent mouillé ses fuseaux.
Hé bien ! de ces peines-là,
Aux enfans, bonheur naîtra.

(Ensemble.)

Pour voir ça, pour voir ça,
Tout à point, nous y voilà.

LE MAGISTER.

Je dormais d'un très-bon somme
Quand le canon a grondé;
Ma femme me dit : « notre homme,
» C'est la paix, c'est décidé.

» Eh quoi ! la paix ! tu crois ça ?
» Embrassons-nous, si c'est ça,
» Oui, c'est ça, c'est bien ça :
» Pour le coup, nous y voilà ! »

JOSÉPHINE (au public).

Quand un ouvrage commence,
Jamais l'auteur le plus fin
Ne peut assurer d'avance
S'il ira jusqu'a la fin.
La critique crie : holà !
L'indulgence dit : paix-là,
Et l'on va, et l'on va
Jusqu'au bout.... Nous y voilà!

RONDE

Air : *L'autre jour la p'tite Isabelle.*

D'puis cinq ans la jeune Glicère
Soupirait après Alexis ;
Hélas! il était à la guerre,
A combattre les ennemis !

C'en est fait, dit-elle, je gage
Q'jai perdu l'objet d'mon amour....
Rien n'me présage
Son retour.
Je l'aime d'une ardeur sincère.. .

(*Parlant, et contrefaisant la jeune fille.*) Et pourtant, s'il ne r'vient pas dans queuqu'temps d'ici, j'srai p't'être obligée de prendre un parti... parc' qu'enfin....

(*On chante.*) Je crois que jamais
Je n'verrons la fin de c'te guerre,
Dont l'but est d'nous donner la paix.

Comme ell' s'exprimait d'la sorte,
Son amant arrive soudain....
Le plaisir l'émeut...., la transporte!
Mais bientôt quel fut son chagrin....
Alexis n'était plus le même;
Un bras de moins, plus de fraîcheur.,..
Quell' peine extrême
Pour son cœur.
Tu vois ce qu'on gagne à la guerre.

(*Parlant.*) Lui dit Alexis; mais si les combats m'ont défiguré, ils n'ont rien changé à mes sentimens pour toi, je t'aime toujours tendrement, par ainsi:

(*Chantant.*) Comble mes souhaits.
Je n'ai pas oublié, ma chère,
Qu'nous d'vons être unis à la paix.

Glicère maudit sa promesse....
Pourtant dans c't'occasion-là,
D'son amant all' plaint la détresse....
Son cœur n'peut résister à ça.
Alexis tout couvert de gloire,
Dit-elle, a vengé son pays!
De la victoire
Soyons l'prix!
Compte sur la foi de Glicère.

(*Parlant.*) Ell' ne trahira pas ses sermens. Blessé, tu ne lui en es que plus cher : d'amans, soyons époux.

(*Chantant.*) Et plus d'regrets....
Dans not' ménage, après la guerre,
Goûtons les douceurs de la paix.

DUPONT DE LILLE.

IL EST TOUJOURS LE MÊME.

Air : *Il est toujours le même.*

Il est toujours, il est toujours le même,
Ce grand guerrier, l'honneur de nos remparts;
Pour le casque de Mars
Quittant le diadême;
A la fois simple et grand,
Au Louvre ou dans un camp;
Il est toujours, il est toujours le même.

Brazier.

LE GUERRIER

Forcé de quitter sa maîtresse.

Air du pas de charge.

Ce n'est que dans ce doux espoir
Que je quitte la place;
Car morbleu! nous aimons à voir
Nos ennemis en face.

Oui, bientôt j'espère obtenir
La victoire complète;
Ce n'est que pour mieux revenir,
Qu'un Français fait retraite.

Extrait de *Enfin nous y voila.*

LE SOLDAT

de retour chez sa maîtresse.

Air du vaudeville de Jean Monet.

Je revois tout ce que j'aime,
Et rien ne manque à mes vœux;
A tous nos braves, de même,
L'Amour garde un sort heureux:
Au guerrier,
L'olivier,
Va, sous son ombre prospère,
Présenter bientôt, j'espère,
Le myrte près du laurier.

Extrait de *Enfin nous y voila.*

INVOCATION A LA PAIX.

Air à faire.

O douce paix !
Tu finis nos alarmes ;
Séchons nos larmes,
Goûtons tes bienfaits.
Loin des alarmes,
Du bruit des armes,
Goûtons tes bienfaits :
Les arts t'attendent,
Te redemandent ;
De toi dépendent
Tous leurs succès.
Les arts, etc.

Par ta présence,
Ta bienfaisance,
Rends à la France
Ses attraits.
O douce paix ! etc.

DÉCLARATION D'AMOUR

D'un garçon pâtissier, qui devait se marier à la paix.

Air : *Monseigneur d'Orléans.*

Pour vous faire ma cour,
J'ai réglé mon amour
Sur les journaux, les nouvelles du jour.
A chaque pas que les Français
Fesaient pour conquérir la paix,
Moi, pour conquérir vos attraits,
J'allais de progrès en progrès :
Quand on eut franchi le Saint Bernard,
De mes feux je vous fis part.
Au passage du Rhin,
Pour gagner du terrein,
Mon amour ne connut plus de frein.
Le retour à Milan
Redoubla mon élan.
Lors du triomphe de Marengo,
J'apportai mon premier gâteau.
De Munich on prit le chemin,
Je voulus prendre votre main.

Vint la trève de Philisbourg :
Il fallut m'arrêter tout court.
Lintz fut pris.... je pris un bouquet
Qui me valut un bon soufflet.
Au combat de Hohenlenden
On parla de paix, moi d'hymen;
Or, la paix va se réaliser,
Donc je puis prendre un baiser.

Extrait de *Enfin nous y voilà.*

LE MARCHAND DE TISANNE.

RONDE.

Air : *C'est la petite Thérèse.*

J'EN contais à Mariane,
En fuyant la v'là qui m'dit :
Jamais un marchand d'tisanne
Ne me f'ra perdre l'esprit.
Bientôt toute hors d'haleine,
Elle en revient au coco;
« Il n'faut pas dire, *fontaine,*
» *Je n'boirai pas de ton eau.* »

L'père Thomas, un jour de fête,
Se gaussait de mon métier,

Et pour mieux s'monter la tête,
Court chez un gros cabar'tier ;
Il s'en donne à tasse pleine,
C'était la Seine en tonneau ;
« Il n'faut pas dire, *fontaine*,
» *Je n'boirai pas de ton eau.* »

Ennemi du jus d'la treille,
Un Turc arrive à Paris :
A l'aspect d'une bouteille
V'là qu'il jette les hauts cris !
On l'trouve au bout d'un' semaine,
Ivre-mort dans son caveau.
« Il n'faut pas dire, *fontaine*,
» *Je n'boirai pas de ton eau.* »

La Russie avec la France,
Semblait brouillée à jamais :
L'Russe avait juré d'avance
D'mourir avant d'fair' la paix ;
Mais malgré toute leur haine,
Les v'là sur l'même radeau.
« Il n'faut pas dire, *fontaine*,
» *Je n'boirai pas de ton eau.* »

Extrait des Bateliers du Niémen, par MM. Francis, Moreau et Désaugiers.

CHANSON

A l'occasion de la paix, chantée à la préfecture des Landes, le 15 août 1807.

Air : *Si Dorilas, etc.*

GLOIRE au vainqueur dont la clémence
Rend le repos à l'univers,
Et que son nom, cher à la France,
Retentisse dans nos concerts.
Si l'ambitieuse Angleterre
S'oppose à ses nobles projets,
Bientôt ce grand foudre de *guerre*.
Dans Londre ira porter la *paix*.

Nos descendans ne pourront croire
A ces exploits vraiment nouveaux;
Mais par malheur, chaque victoire
Est teinte du sang des héros.
Quand Mars a dépeuplé la terre,
Faut bien la repeupler après;
Et, touché des maux de la *guerre*,
L'Amour les répare à la *paix*.

Près de leurs fidèles maîtresses
Accourent nos braves guerriers ;
Ces aimables enchanteresses
En myrtes changent les lauriers.
Ah ! quel destin brillant, prospère !
Vous triomphez, heureux Français,
Des ennemis pendant la *guerre*,
Et des belles pendant la *paix*.

Si tout cède à notre vaillance,
Si nous sommes partout vainqueurs,
Sexe adorable, c'est qu'en France,
Vous comptez plus d'adorateurs.
L'homme peut tout, s'il veut vous plaire,
Et nous devons à vos attraits,
Notre gloire pendant la *guerre*,
Notre bonheur pendant la *paix*.

DESSEY-DU-LEYRIS.

COUPLETS

Improvisés à un repas où l'on avait tiré la fêve qui m'échut en partage.

Air : *Pégase est un cheval qui porte.*

Du destin qui m'est favorable,
Amis, je reconnais la loi ;
Je cherchais un poste honorable,
Je l'ai trouvé, me voilà *roi.*
Attendez tout de ma justice,
Je serai sévère, mais bon,
Et pour que chacun me chérisse
J'imiterai Napoléon.

Connaissant les maux de la guerre,
Avec soin je l'éviterai ;
Mais, si l'on me force à la faire,
Avec gloire je la ferai.
Si l'ennemi trop irascible,
Est par moi mis à la raison,
Je serai généreux, sensible,
J'imiterai Napoléon.

Coupart.

LES CLEFS.

Air : *Vaudeville de l'Avare et son Ami.*

Les études, la modestie,
Voilà la clef du vrai talent,
La noire imposture et l'envie
Servent de clefs à l'intrigant.
Un gascon vantant sa noblesse,
Ses titres, ses biens, son verger,
Pour la clef du garde à manger
Abandonnerait sa richesse.

D'un monarque, la bienfaisance,
Les sages lois et l'équité,
Doivent offrir à sa vaillance,
Les clefs de l'immortalité.
Nouveau César, nouveau Pompée,
Il possède un trône affermi,
Et pour entrer chez l'ennemi
Il n'a de clef que son épée.

Par l'oisiveté, la paresse,
On nous peint la clef de l'ennui,

Pour l'homme avide de richesse,
L'or devient la clef du souci.
La clef d'or est bien la plus forte,
Nous lui devons maintes faveurs,
Des prudes et des protecteurs,
Elle sait faire ouvrir la porte.

Un amant par sa tendre flamme
Obtient souvent la clef du cœur ;
Les plaisirs sont la clef de l'âme,
Les bienfaits celles du bonheur.
L'honneur est la clef de la gloire,
Elle appartient aux bons Français,
Et leur chef ne perdra jamais
La clef du Temple de Mémoire.

Charrin fils.

LE MARCHAND D'OUBLI.

Air : *En tous lieux on vante Marseille.*

(De M. Deschalumeaux.)

En tous lieux on vante Fenaigle ;
On trouve son art enchanteur :
En mnémonique c'est un aigle ;
Cela lui fait beaucoup d'honneur.
Je veux arriver à la gloire
Par un autre moyen que lui :
Il s'est fait marchand de mémoire ;
Moi je me fais marchand d'oubli.

Mon audace lui semble vaine ;
Je n'ai pas encor de crédit :
Avant qu'il soit une semaine ;
On verra si je fais du bruit.
La foule assiégera ma porte ;
Il n'aura plus un écolier :
Oui mon art sur le sien l'emporte,
Puisqu'il doit le faire oublier.

Les Gascons oublieront qu'ils doivent ;
Les Juifs oublieront qu'on leur doit ;
Les commis les droits qu'ils reçoivent,
Et cela n'est pas mal adroit.
Après quelques leçons, les dames
En secret pourront s'oublier ;
Et nos faiseurs de mélodrames
Oublieront de nous ennuyer.

On retrouve dans ma science
La vertu du fleuve Léthé ;
Qu'on en fasse l'expérience,
Et l'on saura la vérité.
Vous que ma découverte étonne,
Qui pour moi craignez des revers,
Pour voir si ma méthode est bonne,
Faites-en l'essai sur mes vers.

L......, *professeur d'oubli.*

LA SENTINELLE.

ROMANCE.

L'ASTRE des nuits de son paisible éclat,
Lançait des feux sur les tentes de France;
NON loin du camp un jeune et beau soldat,
Ainsi chantait appuyé sur sa lance :
Allez, volez, Zéphyr joyeux,
Portez mes chants vers ma patrie;
Dites que je veille en ces lieux, } (Bis.)
Pour la gloire et pour mon amie.

A la lueur des feux des ennemis,
La sentinelle est placée en silence;
Mais le Français, pour abréger les nuits,
Chante appuyé sur le fer de sa lance :
Allez, volez, Zéphyr joyeux,
Portez mes chants vers ma patrie;
Dites que je veille en ces lieux } (Bis.)
Pour la gloire et pour mon amie.

(1) *Extrait du journal hebdomadaire de musique.*

L'astre du jour ramène les combats,
Demain il faut signaler sa vaillance,
Dans la victoire on trouve le trépas;
Mais si je meurs à côté de ma lance,
Allez encor, joyeux Zéphyr,
Allez, volez, dans ma patrie,
Dire que mon dernier soupir
Fut pour la gloire et mon amie. } (*Bis.*)

CHERON.

LE CID.

CHANT HÉROÏQUE.

PRÊT à partir pour la rive africaine,
Le Cid armé, tout brillant de valeur,
Sur la guitarre, aux pieds de sa Chimène,
Chantait ces vers que lui dictait l'honneur. (*bis.*)

Chimène a dit, va combattre le Maure;
De ce combat, surtout reviens vainqueur;
Oui, je croirai que Rodrigue m'adore,
S'il fait céder son amour à l'honneur.

Donnez, donnez et mon casque et ma lance,
Je prouverai que Rodrigue a du cœur;
Dans les combats, signalant ma vaillance,
Son cri sera pour sa dame et l'honneur.

Maure vanté par ta galanterie,
De tes accens, mon noble chant vainqueur,
D'Espagne un jour deviendra la folie,
Car il peindra l'amour avec l'honneur.

Dans les vallons de notre Andalousie,
Les vieux chrétiens rediront ma valeur;
Il préféra, diront-ils, à la vie,
Son Dieu, son roi, sa Chimène et l'honneur.

CHATEAUBRIANT.

LE RETOUR DU SOLDAT.

Air à faire.

Enfin, loin des champs de la guerre,
La paix ramène nos guerriers;
Je vais dans, mes heureux foyers,
Revoir mon amie et mon père.

Non, vous n'êtes plus le bonheur,
Lauriers sanglans, cueillis par la victoire ;
J'ai vécu deux ans pour la gloire ;
Nature, amour, régnez à présent dans mon cœur.

Déjà l'aspect de ma patrie
Commence ma félicité.
Que mon œil, avec volupté,
Te contemple, ô terre chérie !
Voilà ces lieux si bien connus,
Ces prés fleuris, arrosés par la Dyle,
Qui de mon enfance tranquille
Virent les doux travaux et les jeux ingénus.

Demain quand l'aurore nouvelle,
Dorera ces rians coteaux,
J'atteindrai le paisible enclos
De la demeure paternelle.
Que cet espoir me rend heureux !
Mon cœur ému succombe à son ivresse.
Objets si chers à ma tendresse,
Je vous verrai demain, je vous verrai tous deux !

De mes jours auteur vénérable,
Vous n'avez pas perdu vos soins ;
Votre fils n'a pas fait, du moins,
Rougir votre front respectable.

Vous servîtes aussi l'état;
Vous combattiez; mais loin des yeux d'un maître;
Je fus plus heureux, j'ai dû l'être :
Du grand Napeléon vous n'étiez point soldat.

Lorsque dans les champs du carnage,
Couché dans un fleuve de sang,
Je vis s'arracher de mon flanc
Le fer d'un ennemi sauvage;
C'est à vous que près de périr,
O mon père, ô ma sensible amante,
J'adressais d'une âme expirante
Ma dernière pensée et mon dernier soupir.

Alb. W...rs. (de Bruxelles.)

COUPLET

D'un tambour qui s'est trouvé à la bataille de *Friedland*.

Air : *du pas redoublé.*

Pendant sept jours à Friedland,
Baguette en main sans cesse,
Nous roulions, nous battions vraiment
Prêts à crever la caisse.

Nous battions comme des perdus
De l'une à l'autre aurore !
Les ennemis étaient *battus*
Que nous *battions* encore.

R. P. R.

LE DÉPART D'UN CONSCRIT.

Air : *Peuple Français.*

O ville qui m'avez vu naître,
Douai, je te quitte à vingt ans !
Je vais vaincre sous un bon maître,
Sous le plus grand des conquérans...
Sa voix m'appelle à la victoire,
Elle m'inspire la valeur.
Et puis-je douter de ma gloire,
Quand j'ai pour garant l'*Empereur*.

Toi qui vis ma foible paupière
S'ouvrir pour la première fois,
O mon enceinte hospitalière,
Douai ! je m'éloigne de toi...

Je cours peut-être à l'onde noire,
Mais je verrai le champ d'honneur;
On ne peut douter de sa gloire,
Ayant pour garant l'*Empereur*.

La vie est courte et passagère,
Mais je t'offre tous ses momens
O ma patrie! ô tendre mère,
Daigne en recevoir mes sermens!
Puissé-je aux champs de la victoire
Etre ton meilleur défenseur!
Un bon Français aime la gloire,
Je l'aime en aimant la victoire.

O toi de qui j'ai reçu l'être,
Le sort m'arrache de tes bras....
Un jour tu connaîtras peut-être,
Que mon bonheur est aux combats.
Dès l'enfance la poésie
Eut quelques attraits pour mon cœur;
Mais maintenant c'est la patrie,
C'est la bravoure et l'*Empereur*.

La vie est une ombre légère
Que fait dissiper l'aquilon;
Si l'existence est éphémère,
Faisons revivre notre nom.

Et peut-on mieux dans la mémoire
Graver nos élans de valeur,
Français, qu'en ce siècle de gloire,
Qu'immortalise l'*Empereur* ?

DORCHY, de Douai.

ILS SE SONT EMBRASSÉS.

Couplets à l'occasion de l'entrevue des deux Empereurs à Tilsitt.

Air : *Ne m'entendez vous pas ?*

Ils se sont embrassés !
Telles sont les nouvelles ;
Dites-m'en de plus belles
Si vous en connaissez ?
Ils se sont embrassés !

Ils se sont embrassés !
Que la plus grande joie
Sur nos fronts se déploie !
Vous, Anglais, palissez !
Ils se sont embrassés.

Ils se sont embrassés !
Quel profond politique,
Quel penseur prophétique
L'eût dit les mois passés ?....
Ils se sont embrassés !

Ils se sont embrassés !
Dans tous les ports de France,
Marchands, en espérance,
Déjà vous jouissez....
Ils se sont embrassés !

Ils se sont embrassés !
Combien nos frères d'armes,
Après un an d'alarmes,
Vont être carressés !...
Ils se sont embrassés !

Ils se sont embrassés !
Leurs regards débonnaires,
Aux feux de leurs tonnerres
Semblaient dire : *Cessez !....*
Ils se sont embrasses !

Ils se sont embrassés !
Qu'ont fait alors nos braves ?
Et les Russes, plus graves,
Par l'exemple pressés ?...
Ils se sont embrassés ?

Ils se sont embrassés !
Ce refrein pacifique
Vaut un poëme épique,
Et nous en dit assez...
Ils se sont embrassés !

PIIS.

FIN.

TABLE.

ARMAND-SEVILLE.

AUDE.

BARRÉ.

DESAUGIERS.

DESFONTAINES.

DIEULAFOY.

DORCHY (de Douay).

DOSSION (E. A.)

DUMERSAN.

DUPONT (de Lille).

FRANCIS.

LONCHAMP (Ch. de).

MOREAU.

PANARD.

PICARD.

PIIS.

RADET.

REDON (Maxime de).

ROUGEMONT (de).

SEWRIN.

SIMON (Henri)

VILLIERS.

FIN DE LA TABLE.

EXTRAIT

DU CATALOGUE

DES LIVRES DE FONDS

Qui se trouvent chez le même Libraire.

Ouvrages in-8°.

Année la plus remarquable de ma vie, par Kotzbue, 2 vol. 10 f.

Folle (la) Journée, comédie, 1 vol. 2 f.

Histoire de la décadence de la Monarchie française, 3 vol. et atlas. 15 f.

Mémoires de mistriss Robinson, actrice de Londres, 1 vol. 3 f.

Méthode pour guérir les Maladies vénériennes, 1 vol. 1 f. 80 c.

Nuevo Dictionario portatil espanol y frances, par Gattel, 2 vol. oblong. 8 f.

Paresseux (le), 2 vol. 6 f.

Physionomiste (le), 1 vol. 5 f. 50 c.
Religieuse (la), par Diderot, avec figures, 2 vol. 6 f.
Richesse (la) des Nations, 4 vol. 12 f.

Ouvrages in-12.

Abbaye de Saint-Remy, 4 vol. 6 f.
Agathe d'Entragues, 6 vol. 12 f.
Ainsi va le monde, ou les Dangers de la séduction, 4 vol. 7 f. 60 c.
Amants (les) exilés en Sibérie, 2 vol. 4 f.
Amours de Louis XIV, 5 vol. 10 f.
Aventures de la famille Sbark, 2 vol. 3 f.
Charles, ou Mémoires historiques de La Bussière, 4 vol. 7 f. 50 c.
Clémence, 2 vol. 3 f.
Encyclopédie anglaise, 3 vol. 5 f.
Encyclopédie des Dames, 5 vol. 5 f.
Enfant (l') du Trou du Souffleur, 2 vol. 3 f.
Ermite (l') de la Cour Batave, dédié à Geoffroy, 4 vol. 7 f. 50 c.
Etudes de l'Enfhnce, ou Syllabaire méthodique, 1 vol orné de 13 figures coloriées et de planches d'écriture. 1 f. 50 c.
—Les mêmes, en noir. 1 f.
Eustasia, 2 vol. 3 f.

Femme (la) Grenadier, 1 vol. 2 f.
Fils (le) banni, 4 vol. 7 f. 50 c.
Jeunes (les) Mariés, 2 vol. 4 f.
Herminia, 3 vol. 5 f.
Histoire de Charles XII, 2 vol. 3 f.
Histoire de la Papauté, 1 vol. 1 f. 50 c.
Histoire du Théâtre-Français, 4 vol. 6 f.
Lettres Athéniennes, 4 vol. 12 f.
Mon Histoire ou la tienne, 3 vol. 5 f.
Rieurs (les) anglais, 2 vol. 3 f.
Rosamonde, ou le Dévouement filial, 2 vol. 5 f.
Sainclair des Isles, 4 vol. 9 f.
Sophie de Valençay, ou la Beauté persécutée, par l'auteur des Capucins, 4 vol. 7 f. 50 c.
Virgile en latin, 1 vol. 2 f. 50 c.

Ouvrages in-18.

Chansonnier (le) des Amans, pour 1809, avec une jolie figure, 1 vol. 1 f. 20 c.
Comédiana, 1 vol. 1 f.
Contes et Nouvelles de J. Boccace, avec fig, 8 vol. 10 f.
Cousin (le) de Mahomet, 2 vol. 2 f
Emilie de Tourville, ou Mes sept années de persécution, 2 vol. 2 f.
Enfant (l') du Prieuré, 1 vol. 2 f.

Entretiens du Palais-Royal, 4 vol. 5 f.

Fables d'Esope, 2 vol avec 33 fig. en noir. 2 f. 50 c.

Les mêmes en couleur. 4 f.

Galoubet de l'Amour, chansonnier militaire pour 1809, 1 vol. avec fig. 1 f. 50 c.

Magasin des Enfans, 4 vol. 4 f.

Mœurs (les) de Londres, 2 vol. 2 f.

Plaisir (le) des Dames, 1 vol. 1 f.

Vie et Amours de M. et madame Denis, avec fig. coloriée, 1 vol. 1 f.

Voyage à la Chaussée d'Antin, 1 vol. 1 f.

Voyage à l'Ile des Peupliers, 1 v. avec fig. 1 f. 80 c.

De l'Imprimerie d'A. EGRON, rue des Noyers, N°. 49.

JANVIER 1809.

dim	1	CIRCONCISION.	P. L.
lun	2	s. Basile.	le 1, à
mar	3	Ste GENEVIÈVE.	10 h. 3
mer	4	s. Rigobert.	m. du s.
jeu	5	s. Siméon, *v. j.*	
ven	6	L'EPIPHANIE.	
sam	7	s. Théau, orfêv	
1 *d*	8	s. Lucien, évê.	
lun	9	s. Furcy, abbé	D. Q.
mar	10	s. Paul, herm.	le 9, à
mer	11	s. Théodose.	8 h. 1
jeu	12	s. Ferjus.	m. d. m.
ven	13	Bap. de N. Seig.	
sam	14	s. Hilaire, év.	
2 *d*	15	s. Maur, abbé.	
lun	16	s. Guillaume.	N. L.
mar	17	s. Antoine, ab.	le 16, à
mer	18	Chaire S. Pier.	1 h. 19
jeu	19	s. Sulpice, évê.	m. d. m.
ven	20	s. Sébastien.	
sam	21	ste. Agnès, v.	
3 *d*	22	s. Vincent, m.	
lun	23	s. Ildefonce.	P. Q.
mar	24	s. Babylas, év.	le 23, à
mer	25	Conv. s. Paul.	1 h. 33
jeu	26	ste. Paule, veu.	m. d. s.
ven	27	s. Julien, évê.	
sam	28	s. Charlemagne	P. L.
dim	29	*Septuagésime.*	le 31, à
lun	30	ste. Batilde, r.	2 h 17 m
mar	31	s. Pierre Nolas.	du soir.

FÉVRIER.

mer	1	s Ignace.	
jeu	2	*Purification.*	
ven	3	s. Blaise, mart.	
sam	4	s. Aventin.	
dim	5	*Sexagésime.*	
lun	6	s. Philéas.	
mar	7	s. Romuald, a.	☾ D. Q.
mer	8	s. Jean, M.	le 7, à
jeu	9	ste. Appolline.	4 h. 23
ven	10	ste. Scholastiq.	m du s.
sam	11	s Séverin.	
dim	12	*Quinquagésime*	
lun	13	ste. Eulalie.	
mar	14	s. Valentin.	● N. L.
mer	15	*Les Cendres.*	le 14, à
jeu	16	Ste. Julienne.	2 h. 8
ven	17	ste. Marianne.	m. du s.
sam	18	s. Siméon.	
1 *d*	19	*Quadragésime.*	
lun	20	s. Eucher, év.	
mar	21	s. Pepin.	☽ P. Q.
mer	22	Ch. s. P. 4 T.	le 21, à
jeu	23	s. Mérault.	11 h 12
ven	24	s. Mathias, ap.	m du m.
sam	25	s. Taraise.	
2 *d*	26	*Reminiscere.*	
lun	27	ste. Honorine.	
mar	28	s. Romain, ab.	

MARS.

mer	1	s. Aubin.	
jeu	2	ste. Noflette.	☺ Pl. L.
ven	3	ste. Cunégonde	le 2, à
sam	4	s. Casimir.	4 h. 5
3 *d*	5	*Oculi.*	m du m.
lun	6	ste. Colette.	
mar	7	s. Thom. d'Acq	
mer	8	s Jean de D.	☾ D. Q.
jeu	9	ste. Franç.	le 8, à
ven	10	ste. Doctrovée.	11 h. 17
sam	11	40 Martyrs.	m. du s.
4 *d*	12	*Lætare.*	
lun	13	ste. Euphrasie.	
mar	14	s. Sylvain.	
mer	15	s. Longin.	● N. L.
jeu	16	s. Cyriaque.	le 15, à
ven	17	ste. Gertrude.	4 h. 29
sam	18	s. Alexandre.	m. du m.
5 *d*	19	*La passion.*	
lun	20	s. Joachim.	
mar	21	s. Benoît, abbé.	
mer	22	s. Aphrod.	
jeu	23	s. Pol, évêque.	☽ P. Q.
ven	24	s. Gabriel.	le 23, à
sam	25	ANNONCIATIO.	7 h. 4
6 *d*	26	*Les Rameaux.*	m. d. m.
lun	27	s. Rupert, év.	
mar	28	s. Gontrand.	☺ Pl. L.
me	29	s. Eustase.	le 31, à
jeu	30	s. Rieulle.	5 h. 1
ven	31	*Vendre. Saint.*	m du s.

AVRIL.

sam	1	s. Hugues, év.	
dim	2	PAQUES.	
lun	3	s. Richard.	
mar	4	s. Ambroise.	
mer	5	s. Vincent.	
jeu	6	s. Prudent.	
ven	7	ste. Hégésipe.	☾ D. Q.
sam	8	s. Gauthier.	le 7, à
1 *d*	9	*Quasimodo.*	7 h. 18
lun	10	s. Macaire.	m. d. m.
mar	11	s. Léon, Pape.	
mer	12	s. Florentin.	
jeu	13	s. Marcellin.	● N. L.
ven	14	s. Tiburce.	le 14, à
sam	15	s. Maron.	8 h. 7
2 *d*	16	N. D. de Pitié.	m. d. s.
lun	17	s. Robert, abb.	
mar	18	s. Appolinaire.	
mer	19	s. Timon.	
jeu	20	s. Marcias.	
ven	21	s. Anselme, év.	
sam	22	ste. Opportune.	
3 *d*	23	s. Georges, m.	☽ P. Q.
lun	24	ste. Beuve.	le 23, à
mar	25	s. Marc, év. *abs*	o h. 37
mer	26	s. Clet, pape.	m. d. m.
jeu	27	s. Policarpe.	
ven	28	s. Vital, mart.	☺ Pl. L.
sam	29	s. Cath. de S.	le 30, à
4 *d*	30	s. Eutrope, év.	o h. 50
			m. d. m.

MAI.

lun	1	s. Jacq. s. Phil.	
mar	2	s. Athanase.	
mer	3	Inv. ste. Croix.	
jeu	4	ste. Monique.	
ven	5	Conv. s. Augus.	
sam	6	s. Jean P. Lat.	☾ D. Q.
5 *d*	7	ste. Domit.	le 6, à
lun	8	*Les Rogations*	3 h. 36
mar	9	Tr. s. Nic.	m d. s.
mer	10	s. Soulanges.	
jeu	11	L'Ascension.	
ven	12	s. Pancrace.	
sam	13	s. Onésime.	
6 *d*	14	s. Servais.	● N. L.
lun	15	s. Isidore	le 14, à
mar	16	s. Honoré.	o h. 15
mer	17	s. Montaut.	m. d. s.
jeu	18	s. Félix.	
ven	19	s. Yves.	
sam	20	*Vigile jeûne.*	
dim	21	Pentecote.	
lun	22	s. Auzonne.	☽ P. Q.
mar	23	s. Didier, év.	le 22, à
mer	24	*Quatre Temps.*	2 h. 4
jeu	25	s. Urbain, pap.	m du s.
ven	26	s. Phil. de N.	
sam	27	s. Hildevert.	
1 *d*	28	*La Trinité.*	○ Pl. L.
lun	29	s. Maximin.	le 29 à
mar	30	s. Hubert.	8 h. 29
mer	31	ste. Pétronille.	m. du m.

JUIN.

jeu	1	Fete-Dieu.	
ven	2	s. Pothin, év.	
sam	3	ste. Clotilde.	
2 *d*	4	s Optat, év.	
lun	5	s. Boniface.	☾ D. Q.
mar	6	s. Claude.	le 5, à
mer	7	s Mériade.	1 h. 39
jeu	8	*Oct. Fête Dieu.*	m. d. m.
ven	9	s. Vincent.	
sam	10	s Landri.	
3 *d*	11	s. Barnabé.	
lun	12	s. Basilide.	
mar	13	s. Ant. de Pad.	● N. L.
me	14	s. Basile, év.	le 13, à
jeu	15	s Guy, mart.	3 h. 51
ven	16	s. Ferréol.	m. du m.
sam	17	s. Avit, abbé.	
4 *d*	18	ste. Marine.	
lun	19	s. Gerv. s. Pro.	
mar	20	s. Sylvere, p.	
mer	21	s. Leufroi.	☽ P. Q.
jeu	22	s. Paulin, év.	le 21, à
ven	23	*Vigile eûne.*	o h. 7
sam	24	Jean-Baptis.	m. d. m.
5 *d*	25	Tr. s. Eloi.	
lun	26	s. Anselme.	
mar	27	s. Crescent	○ Pl. L.
mer	28	s. Irénée. *v. j.*	le 27, à
jeu	29	s. *Pierre s. Pa.*	3 h. 15
ven	30	Com. s. Paul.	m. du s

JUILLET.

sam	1	s. Martial.	
6 *d*	2	Visit. de la V.	
lun	3	s. Anatole, év.	
mar	4	Trans. s. Mar.	☾ D. Q.
mer	5	s. Valère.	le 4, à
jeu	6	s. Tranquillin.	2 h. 10
ven	7	ste. Aubierge.	m. du s.
sam	8	s. Procope.	
7 *d*	9	s. Cyrille.	
lun	10	ste. Félicité.	
mar	11	Trans. s. Ben.	
mer	12	Tr. s. Prix.	● N. L.
jeu	13	s. Turiaf, év.	le 12, à
ven	14	s. Bonaventure	6 h. 22
sam	15	s. Henri, emp.	m. d. m.
8 *d*	16	N. D. du C.	
lun	17	s. Alexis.	
mar	18	s. Clair.	
mer	19	s. Arsène.	
jeu	20	ste. Marguerite	☽ P. Q.
ven	21	s. Victor, mar.	le 20, à
sam	22	ste. Madeleine.	7 h. 32
9 *d*	23	s. Appolinaire.	m. d. s.
lun	24	ste. Christine.	
mar	25	s. Jac. et s. C.	
mer	26	Tr. s. M.	
jeu	27	s. Pantaléon.	○ Pl. L.
ven	28	ste. Anne.	le 26, à
sam	29	ste Marthe.	10 h. 23
10 *d*	30	s. Ours.	m. du s.
lun	31	s. Germ. l'Aux.	

AOUT.

mar	1	s Pierre ès lien	
mer	2	s. Etienne.	
jeu	3	Inv. s. Etienne.	☾ D. Q.
ven	4	s Dominique.	le 3, à
sam	5	s. Yon, mart.	5 h. 30
11 *d*	6	Transfig. N. S.	m. d. m.
lun	7	s. Gaëtan.	
mar	8	s. Justin, mart.	
mer	9	s. Xyste.	
jeu	10	s. Laurent, m.	◉ N L.
ven	11	Susc. ste. Cour.	le 11, à
sam	12	ste Claire.	7 h. 42
12 *d*	13	s. Hyppolite.	m. d. m.
lun	14	*Vigile-jeûne.*	
mar	15	ASSOM. NAPOL	
mer	16	s. Roch.	
jeu	17	s. Mammès.	
ven	18	ste. Hélène.	☽ P. Q.
sam	19	s. Louis, év.	le 18, à
13 *d*	20	s. Bernard.	1 h. 38
lun	21	s. Sidoine.	m. d. s.
mar	22	s. Symphorien.	
mer	23	s. Thimothée.	
jeu	24	s. Barthélemi	
ven	25	s. *Louis*, roi.	☺ Pl. L.
sam	26	s. Zéphirin.	le 25, à
14 *d*	27	s. Césaire, év.	7 h. 27
lun	28	s. Augustin.	m. d. m.
mar	29	s. Médéric.	
mer	30	s. Fiacre.	
jeu	31	s. Ovide.	

SEPTEMBRE.

ven	1	s. Leu s. Gille.	☾ D. Q.
sam	2	s. Lazare.	le 1, à
15 *d*	3	s. Grégoire, p.	1 h. 13
lun	4	ste. Rosalie.	m. du s.
mar	5	s. Victorin.	
mer	6	s. Eleuthère.	
jeu	7	s. Cloud, prê.	
ven	8	Nat. de la V.	
sam	9	s. Omer, év.	N. L.
1 *d*	10	s. Nicol. de T.	le 9, à
lun	11	ste. Hyacinte.	8 h. 8
mar	12	s. Raphael.	m. du s.
mer	13	s. Maurille.	
jeu	14	Exalt. ste. Cr.	
ven	15	s. Nicomède.	
sam	16	ste. Euphémie.	☽ P. Q.
17 *d*	17	s. Lambert.	le 16, à
lun	18	s. J. Chrysos.	7 h. o
mar	19	s. Janvier.	m du s.
mer	20	s. Eustache. 4 T	
jeu	21	s. Mathieu.	
ven	22	s. Maurice.	
sam	23	ste. Thècle, v.	Pl. L.
18 *d*	24	s. Audoche.	le 23, à
lun	25	s. Firmin, év.	6 h. 46
mar	26	ste. Justine, v.	m. d s.
mer	27	s. Côm. s. Da.	
jeu	28	s. Céran, év.	
ven	29	s. Michel, arc.	
sam	30	s. Jérôme.	

OCTOBRE.

19 *d*	1	s. Remi, év.	☾ D. Q.
lun	2	ss. Anges gar.	le 1, à
mar	3	s. Denis, aré.	6 h. 20
mer	4	s. Fra. d'Ass.	m. du s.
jeu	5	ste. Aure, v.	
ven	6	s. Bruno.	
sam	7	ste. Julie.	
20 *d*	8	ste. Brigite.	
lun	9	s. *Denis*, év.	◉ N. L.
mar	10	s. Géréon, m.	le 9, à
mer	11	s. Nicaise, év.	7 h. 51
jeu	12	s. Donatien.	m. du m.
ven	13	s. Gérand, c.	
sam	14	s. Calliste, pa.	
21 *d*	15	ste. Thérèse.	
lun	16	s. Gal, abbé.	☽ P. Q.
mar	17	s. Cerbonney.	le 16, à
mer	18	s. Luc, évang.	1 h. 22
jeu	19	s. Savinien.	m. d. m.
ven	20	s. Caprais.	
sam	21	ste. Ursule, v.	
22 *d*	22	s. Mellon, év.	
lun	23	s. Hilarion.	☺ Pl. L
mar	24	s. Magloire.	le 23, à
mer	25	s. Crépin et C.	9 h. 34
jeu	26	s. Evariste.	m du m.
ven	27	s. Frumence	
sam	28	s. Sim. s. Jud.	☾ D. Q.
23 *d*	29	s. Faron, év.	le 31, à
lun	30	s. Lucain, m.	1 h. 31
mar	31	s. Quent. *v. j.*	m. du s.

NOVEMBRE.

mer	1	TOUSSAIN.	
jeu	2	*Trépassés.*	
ven	3	s. Marcel, év.	
sam	4	s. Charles Bo.	
24 *d*	5	ste. Bertilde.	
lun	6	s. Léonard.	
mar	7	s. Florent.	N. L.
mer	8	stes. Reliques.	le 7, à
jeu	9	s. Mathurin.	6 h. 57
ven	10	s. Martin, P.	m. du s.
sam	11	s. Martin, év.	
25 *d*	12	s. René, évê.	
lun	13	s. Brice, évê.	
mar	14	s. Laurent, A	P. Q.
mer	15	s. Eugène.	le 14, à
jeu	16	s. Edme.	9 h. 50
ven	17	s. Agnan, év.	m. d. m.
sam	18	s. Mandé.	
26 *d*	19	ste. Elisabeth.	
lun	20	s. Edmond, r.	
mar	21	Prés. de la V.	
mer	22	ste. Cécile, v.	Pl. L.
jeu	23	s. Clément.	le 22, à
ven	24	s. Séverin.	3 h. 6
sam	25	ste. Catherine	m. d. m.
27 *d*	26	ste. Genv. d. A	
lun	27	s. Vital.	D. Q.
mar	28	s. Maxime.	le 30, à
mer	29	s. Saturnin.	7 h. 28
jeu	30	s. André, ap.	m. d. m.

DÉCEMBRE.

vèn	1	s. Eloi, évêq.	
sam	2	s. Fran. Xav.	
1 *d*	3	AVENT.	
lun	4	ste. Barbe, v.	
mar	5	s. Sabas, abbé	
mer	6	s. Nicolas, év.	
jeu	7	ste. Fare, v.	● N. L.
ven	8	CONCEPTION.	le 7, à
sam	9	ste. Gorgonie.	5 h. 30
2 *d*	10	ste. Valère, v.	m du m.
lun	11	s. Fuscien, m.	
mar	12	s. Damase.	
mer	13	ste. Luce, v.	☽ P. Q.
jeu	14	s. Nicaise.	le 13, à
ven	15	s. Mesmin.	9 h. 27
sam	16	ste. Adélaïde.	m. d. s.
3 *d*	17	ste. Olimpiade	
lun	18	s. Gratien.	
mar	19	s. Nemèse.	
mer	20	s. Philog. 4 T.	
jeu	21	s. Thomas, ap.	☺ P. L.
ven	22	s. Cheromon.	le 21, à
sam	23	ste. Victoire.	10 h. 9
4 *d*	24	*Vigile-jeûne.*	m. du s.
lun	25	NOEL.	
mar	26	*s. Étienne.*	
me	27	*s. Jean, év.*	
jeu	28	ss. Innocens.	☾ D. Q.
ve	29	s. Tho. de Ca.	le 29, à
sam	30	ste. Colombe.	10 h. 57
dim	31	s. Silvestre.	m. d. s.

www.ingramcontent.com/pod-product-compliance
Ingram Content Group UK Ltd.
Pitfield, Milton Keynes, MK11 3LW, UK
UKHW020251180726
13839UKWH00001B/288